A Umbanda e o Umbandista

Quem é e o que é?

Alexândre Cumino

A Umbanda e o Umbandista

Quem é e o que é?

MADRAS®

© 2025, Madras Editora Ltda.

Editor:
Wagner Veneziani Costa

Produção e Capa:
Equipe Técnica Madras

Imagem da Capa
Imagens Bahia

Revisão:
Arlete Genari
Neuza Rosa

Dados Internacionais de Catalogação na Publicação (CIP)
(Câmara Brasileira do Livro, SP, Brasil)

Cumino, Alexandre
A umbanda e o umbandista : quem é e o que é? / Alexandre Cumino. -- São Paulo : Madras, 2025.

6ed

ISBN: 978-85-370-0965-9

1. Umbanda (Culto) 2. Umbanda (Culto) - História 3. Umbanda (Culto) - Origem 4. Umbanda (Culto) - Rituais I. Título.

15-04439   CDD-299.672

Índices para catálogo sistemático:
1. Umbanda : Doutrina, rituais e comportamento : Religiões afro-brasileiras 299.672

É proibida a reprodução total ou parcial desta obra, de qualquer forma ou por qualquer meio eletrônico, mecânico, inclusive por meio de processos xerográficos, incluindo ainda o uso da internet, sem a permissão expressa da Madras Editora, na pessoa de seu editor (Lei nº 9.610, de 19.2.98).

Todos os direitos desta edição, em língua portuguesa, reservados pela

MADRAS EDITORA LTDA.
Rua Paulo Gonçalves, 88 — Santana
CEP: 02403-020 — São Paulo/SP
Caixa Postal: 12183 — CEP: 02013-970
Tel.: (11) 2281-5555 — Fax: (11) 2959-3090
www.madras.com.br

Agradecimento

Agradeço a compreensão e ao amor de minha amada mulher, Aline Dutra da Silva, pelas noites sem dormir de muito trabalho e dedicação. Te amo, você é a mulher mais linda que já conheci, nosso amor é a maior fonte de inspiração que eu posso ter, minha musa inspiradora.

• • • • • • • • • • • •

Dedico este livro à memória de meu Mestre Rubens Saraceni. Graças a ele eu e milhares de umbandistas pudemos compreender e praticar Umbanda. Tivemos a oportunidade de estudar junto ao Mestre os conceitos teológicos de nossa religião de forma livre e aberta a todos. Pudemos ainda ver com que encanto e alegria ele recebia de seus mentores todo este conhecimento que deu forma para os cursos de Teologia, Sacerdócio e Desenvolvimento Mediúnico Umbandista.

Agradeço a Olorum e aos Orixás esta riqueza cultural e espiritual, e também ao Mestre pelas sementes que me deu. Eu as plantei no solo fértil de meu coração no qual receberam luz, amor e água; hoje são árvores frondosas de fé, amor e esperança a fazer sombra e dar frutos a tantos quantos se colocam diante delas com amor e respeito. Peço sua bênção e que os Orixás o abençoem sempre!

Umbanda

por Rubens Saraceni

Muitos filhos de Fé, movidos de nobres e dignificantes intenções, buscam nas línguas a explicação do termo "Umbanda". Alguns chegam a mergulhar no passado ancestral em busca do real significado desta palavra. Nada a opor de nossa parte, mas melhor fariam e mais louvável aos olhos dos Orixás seriam seus esforços, caso já tivessem atinado com o real e verdadeiro sentido do termo "Umbanda".

Umbanda significa: o sacerdócio em si mesmo, na "m'banda", no médium que sabe lidar tanto com os espíritos quanto com a natureza humana. Umbanda é o portador das qualidades, atributos e atribuições que lhe são conferidas pelos Senhores da natureza; os Orixás! Umbanda é o veiculo de comunicação entre os espíritos e os encarnados, e só um umbandista está apto a incorporar tanto os do Alto quanto os do Embaixo, assim como os do Meio, pois ele é, em si mesmo, um templo.

- Umbanda é sinônimo de poder ativo.
- Umbanda é sinônimo de curador.
- Umbanda é sinônimo de conselheiro.
- Umbanda é sinônimo de intermediador.
- Umbanda é sinônimo de filho de Fé.
- Umbanda é sinônimo de sacerdote.
- Umbanda é a religiosidade do religioso.

Umbanda é o veículo, pois trazem em si os dons naturais, pelos quais os encantados da natureza falam aos espíritos humanos encarnados.

Umbanda é o sacerdote atuante, que traz em si todos os recursos dos templos de tijolo, pedras ou concreto armado.

Umbanda é o mais belo dos templos, onde Deus mais aprecia ser manifestado, ou mesmo onde mais aprecia estar: no íntimo do ser humano.

Umbanda, onde na banda do "Um", mais um todos nós somos, pois tudo o que nos cerca, através de nós pode se manifestar.

Umbanda, na banda do "Um", um todos são e sempre serão, desde que limpem seus templos íntimos dos tabus a respeito dos Orixás e os absorvam através da luz divina que irradiam seus mistérios. Daí em diante, serão todos "mais um", plenos portadores dos mistérios dos Orixás.

Na Umbanda, o médium não é esvaziado, mas tão somente enriquecido com a riqueza espiritual de todos os orixás.

Umbanda provém de "m'banda", o sacerdote, o curador.

Umbanda é sacerdócio na mais completa acepção da palavra, pois coloca o médium na posição de "doador" das qualidades de seus Orixás, que impossibilitados de falarem diretamente ao povo, falam a partir de seus templos humanos: os filhos de Fé!

Digam que, na banda do "Um", o rebanho é composto só de pastores, pois "Umbanda" é sacerdócio.

Rubens Saraceni, *O Código de Umbanda*,
Madras Editora, 2006, p. 37-38.

Índice

Prefácio 11
O que é Umbanda? 15
O que é Religião? 23
Umbanda é Religião 29
O que é e o que não é Umbanda 33
Umbanda é uma Religião Simples e Complexa 35
Umbanda é Paradoxal 37
Umbanda é Religião de Resistência 43
Umbanda é Religião de Inclusão Social 45
Umbanda é a Escola da Vida 49
Umbanda é *Pop*? 51
Umbanda é a Religião do Futuro? 55
Umbanda – um Ideal! 57
Qual o Objetivo da Umbanda? 61
Existem Muitas Umbandas? 65
Umbanda ou Umbandas 67
Umbanda Cristã? 71
Como Compreender a Umbanda? 75
A Umbanda, Hoje! 77
Umbanda Não é o que Você Faz, e Sim o que Você é! 79
EU Sou Umbandista! 85

Sou Umbandista, Apenas Umbandista!
Está é a Minha Verdade!..89
Umbandista Sim, Fanático Não!...93
Outro Mundo é Possível?..95
Coragem, Orgulho e Ego..99
Isto não é Umbanda 103
Apêndice 1: Definições para Umbanda..107
Apêndice 2: A palavra UMBANDA..115
Apêndice 3: Umbandas...127
Apêndice 4: Apresentação do Livro de Severino Sena.....................131
Anexo1: Reflexões de Umbanda..136
    Sobre Umbanda...138
Anexo 2: Cabe num Livro?..142

Prefácio

"Umbanda é a religião do milênio." Certa vez li esta afirmativa, faz tempo: foi nos meus primeiros contatos com a religião e, claro, eu estava apaixonado, encantado, fissurado, roendo até o osso sobre qualquer coisa que encontrava do assunto e bem... Esta afirmativa me impactou, fiquei entusiasmado e curioso sobre o que viria a ser esse negócio de "a religião do milênio", pensei que talvez significava que em pouco tempo a grande maioria das pessoas seria, assim como eu, umbandista.

Eu era um adolescente que, por um "acidente" da vida, fui atropelado por esta religião e fiquei completamente envolvido.

No entanto, o tempo passou, eu cresci, amadureci e perdi bastante daquela ingenuidade e da paixão cega. Penso que me encontro consciente e meu sentimento hoje é de amor, admiração e parceria com a Umbanda.

Percebe? Este é o processo natural em todo relacionamento, ou a paixão acaba e tudo acaba, perde a graça e o estímulo ou se transforma, transcende em amor e já não se vive sem este relacionamento, pois sua identidade fica intrinsecamente ligada à fonte de amor e relação.

Contudo, descobri que a afirmativa citada certamente partiu de alguém ainda muito apaixonado e portanto ingênuo, mas também confesso que é um desejo de quem está dentro, vivendo e tendo uma boa vida por ter a oportunidade de ser umbandista, beber destes valores espirituais e conviver em harmonia com Deus, o que por sua vez desencadeia harmonia em sua vida. Por isso desejo também que todo mundo conheça e viva a maravilha que é a Umbanda, que me faz tão bem e que, por isso, pode fazer bem para todos.

Acontece que somos muito diferentes; cada indivíduo no mundo é dotado de uma digital única e assim são as personalidades e percepções de mundo para cada pessoa. É por isso que não teremos unanimidade religiosa e tampouco encontraremos homogeneidade na Umbanda como se pretende os mais afoitos e apaixonados.

O fato é que não vi a maioria se tornar umbandista, pelo contrário, vemos a cada instante aumentando os mecanismos de intolerância e preconceito e, mesmo após um pouco mais de um século de sua fundação ou mesmo de seus milênios, como alguns queiram propor, na Umbanda há muito por fazer, entender e viver.

Existe um ponto cantado que, diz a lenda, Pai Antônio (Preto-Velho que trabalhava com Zélio de Moraes) gostava de cantar: *"Todo mundo quer Umbanda, quer, quer, mas ninguém sabe o que é Umbanda..."*, ou seja, muitos falam sobre o que é a Umbanda, e o que é ser umbandista, normalmente e infelizmente, são discursos carregados de fundamentalismo com a intenção de se fazer impor a "sua" Umbanda como a mais certa ou seu jeito próprio de perceber e assimilar a Umbanda como a mais correta em detrimento de toda uma vasta diversidade que temos em nosso bojo religioso.

Sendo assim, tentando "olhar de fora" podemos constatar uma religião muito fragmentada, na qual cada agrupamento, cada templo, tenda, terreiro, vive, pratica e interpreta de uma forma muito própria as verdades e fundamentos da religião, embora é nítido que tudo parte de uma essência, a Umbanda da sua forma mais mística e aquém de nós que possamos imaginar.

Então, o desafio desde sempre, e pelo visto por muito tempo ainda, é e será o de superarmos nossas limitadas diferenças para que possamos nos irmanar como legítimos umbandistas que assimilam claramente os valores, saberes e essência da Umbanda e que, libertos do Ego e da vaidade, consigamos nos reconhecer num *continuum* infinito, pois onde acaba minha particularidade começa a sua e, juntos, somos muito mais intensos do que separados.

Por isso, estudar a religião de forma livre e aberta, observando o macro e mergulhando no micro é que poderemos, quem sabe num futuro próximo, criar condições para que a Umbanda venha a ser a "religião do milênio".

Todavia, por ora, ocupe-se em se reconhecer como umbandista, viver, sentir e divulgar a Umbanda como a sua e a minha verdade, a nossa religião, a minha, a sua, a nossa resposta para o sentido da vida, pois ainda temos muito por aprender sobre a *Umbanda e o Umbandista, quem é e o que é*!

Delicie-se com esta obra, escrita delicadamente para ser facilmente compreendida, sem discursos rebuscados e eruditos, sem voltas e rodeios. A cada página um pensamento claro e objetivo que certamente vai fazê-lo pensar, refletir e meditar sem medo, sem tabus, sem freios sobre a Umbanda e o umbandista e como tudo isso se relaciona.

Pai Alexandre Cumino é uma personalidade de muita densidade teórica e com intensa vivência. Estou encantado como que com tudo isso ele conseguiu produzir esta obra de fala solta, prosa simples e que todos vão entender. Neste próximo século cremos que está garantido um futuro bastante promissor no que se trata do entendimento da Umbanda pelos umbandistas!

Desejo uma excelente leitura e vida longa à Umbanda!

Pai Oxalá, nos guie e nos ilumine!

Grande abraço,

Pai Rodrigo Queiroz
Sacerdote de Umbanda, responsável pelo Instituto Cultural Aruanda em Bauru/ SP e diretor do Umbanda EAD
(www.umbandaead.com.br)

O que é Umbanda?

A pergunta não é nova. Desde seu nascimento umbandistas e não umbandistas procuram responder a esta pergunta. Ao longo destes 100 anos de Umbanda no Brasil, é possível colher diversas respostas, sob diferentes pontos de vista, paradigmas e interesses. A História da Umbanda nos ajuda a entender que as diferentes interpretações, do que é Umbanda, também são influenciadas por questões regionais, sociais, políticas, econômicas e culturais.

As respostas para esta pergunta ora se contradizem, ora se complementam.

A antropóloga Patrícia Birmam afirma que Umbanda possui unidade e diversidade, e que "há, pois, uma certa unidade na diversidade." De alguma forma, estamos procurando, sempre, entender o Uno e o Diverso na Umbanda. Em minha opinião o Uno pode ser o UM e o diverso a BANDA; um não vive sem o outro assim como o Uno e o Verso são inseparáveis no Universo. A unidade é essência e a diversidade é forma.

O sociólogo Lísias Nogueira Negrão e a antropóloga Maria Helena Vilas Boas Concone concordam que a Umbanda é "um sistema religioso estruturalmente aberto", o que praticamente justifica esta diversidade de formas. A Umbanda está em constante construção, transformação e adaptação. Este entendimento é extremamente necessário para uma melhor compreensão da mesma. Não podemos, no entanto, fugir de sua unidade-essência já há muito definida por seu fundador. Desta maneira, em todas as diversas formas de explicá-la deve ser possível identificar sua essência-una.

Falar de Umbanda é falar da vida e do ser humano que é em si uno e diverso.

A grande certeza e ponto fundamental desta questão é o fato de que UMBANDA É RELIGIÃO!

Não deveriam existir dúvidas quanto a isso, no entanto muitas pessoas não sabem o que é religião.

É comum que as pessoas julguem as outras religiões a partir do modelo da sua religião ou do modelo que conheceram de religião.

Por isso inicio este livro citando alguns antropólogos e sociólogos, que olham a religião como um objeto, olham a religião de fora, de forma neutra; são eles que devem dizer o que é ou não religião.

Os religiosos têm uma visão teológica do que vem a ser religião e muitas vezes sua visão é distorcida por conceitos, preconceitos e doutrinas. Por exemplo: a própria palavra religião passou a ser utilizada principalmente pela cultura ocidental cristã, na qual geralmente se define seu significado como sendo, religião, a religação com Deus. No entanto, há religiões como o Budismo em que Deus não faz parte do contexto e que não existe nenhuma intenção de religar-se a Ele. Muitos chegam ao ponto de acreditar que uma religião deve ter, sempre, uma bíblia, dogmas e mandamentos, o que limitaria a ser religião tudo que estivesse no modelo das três grandes religiões ocidentais: Judaísmo, Cristianismo e Islã. Como ficaria então as religiões aborígenes, australianas, africanas e indígenas? Será que esses povos não têm religião? O fato de ter uma religião diferente das religiões mais conhecidas no mundo ocidental não diminui o valor dessas religiões. Muitos dizem que esses povos nativos têm apenas tradições e espiritualidade. No entanto, quando existe uma visão de mundo bem clara sob um aspecto sagrado e divino, no qual se congrega uma comunidade, ali já está uma religião, independentemente de como está organizado seu sistema de crença, ritual, hierarquia ou estrutura material.

Podemos dizer que onde existe uma comunidade com os mesmos valores sobre o que é sagrado, divino ou transcendente para eles, e no qual estabelecem um sistema de relação com esses valores, o qual congrega esta comunidade, já é religião. Poderia resumir que religião é onde um grupo de pessoas coloca sua fé, de forma organizada, por meio de uma doutrina. A partir dessa base se estabelecem os rituais, símbolos, cultos, dogmas, mitos, tabus, hierarquia, textos sagrados, etc. Mas basta existir a base de fé que une o grupo em torno do sagrado, divino ou transcendente, para identificar que ali existe uma religião.

Muitos confundem religião com espiritualidade e vice-versa. Religião é sempre uma forma de trabalhar a espiritualidade. Quando isso é algo independente e com valores individuais, então temos um fenômeno de espiritualidade, quando um grupo compartilha os mesmos valores e estrutura de fé estabelecendo normas, doutrina e encontros que seguem dentro de limites preestabelecidos; então estamos diante de uma religião, mesmo que o grupo não tenha consciência disso. É o que se dá com o Espiritismo, no qual muitos não conseguem vê-lo como sua religião e que, no entanto, faz a vez de religião em sua vida. Sociologicamente e antropologicamente, é religião e está dentro dos conceitos aqui apresentados.

Da mesma forma podemos dizer que Umbanda é Religião! Umbanda possui doutrina e fundamentos próprios. Umbanda possui culto organizado. Umbanda possui estrutura ritual própria. Umbanda possui hierarquia interna. Umbanda possui sacerdócio. Umbanda possui estrutura de templo. Umbanda possui tudo e muito mais do que se espera de uma religião. No entanto, não possui uma "bíblia" ou livro sagrado próprio. Não possui domas, mandamentos, tabus, nem conceitos teológicos como o pecado, por exemplo. Umbanda não está codificada. E por isso muitos desacreditam que venha a ser religião, mas esta crença ou descrença está relacionada à ignorância de grande parte da população com relação ao que vem a ser religião.

Apenas pala ilustrar o texto, podemos lembrar de um caso polêmico em que um juiz, em 2014, afirmou que Umbanda e Candomblé não eram religião por não ter um livro sagrado, como uma bíblia, e por não acreditarem em um Deus único. Quando um juiz afirma isso em sentença, as pessoas mais simples ficam desorientadas; afinal, elas pensam que um juiz está mais credenciado que elas para dizer o que é ou não religião. Nesse caso, vi muitas pessoas se perguntando o que fazer agora que sua religião não é mais religião? Como se dependesse do aval de uma instância superior da lei ou da justiça dos homens para saber se o que praticam é ou não religião. Claro que o juiz, o qual faço questão de não citar o nome, teve de voltar à traz, reconhecer sua ignorância, preconceito e burrice e reconhecer o que é um fato que independe da sua falta de capacitação para com o tema, reconhecer que evidentemente Umbanda e Candomblé são religiões, e não é da competência de nenhum juiz vir a público questionar isso ou falar o que é ou deixa de ser religião.

Muitos tentam dizer que Umbanda é uma seita religiosa e mais uma vez vemos a face do preconceito e da ignorância. Seita era o nome que se dava a um grupo sectário de uma certa religião, um grupo separado de tal religião, um grupo de pessoas que se afasta de sua religião matriz, original, por não concordar com ela. Então o grupo maior passa a perseguir a seita e difundir sua falta de fundamentos. Assim surgiram muitas religiões. Jesus e seus discípulos formavam uma seita judaica. Mohamed (Maomé) e seus discípulos eram uma seita, assim como Buda e seus discípulos. Antigamente as seitas se escondiam para poder sobreviver à perseguição. Mas com o tempo muitas conquistaram o *status* de religião. Hoje em dia, quando surge um novo grupo de religiosos, eles não são chamados de seita, e sim de novas religiões.

O temo seita hoje é adequado para identificar grupos de fanáticos que se escondem para praticar algo que agride a eles próprios ou aos outros. Seita religiosa é sinônimo de fanatismo, ilusão, mentira e agressão.

Umbanda não é seita, Umbanda é religião!

Muitos dizem que Umbanda é, apenas, um sincretismo religioso. E sincretismo é o resultado da mistura de elementos de culturas diversas, unidos e bricolados, simplesmente, sem uma estrutura central de fundamentos próprios, em que todos os valores são importados das outras religiões. A Umbanda possui sincretismo por ser uma religião inclusiva e ter aceito valores do Espiritismo, do Catolicismo e das culturas nativa e afro-brasileira. No entanto, tudo isso é presente na cultura brasileira e a Umbanda é uma religião brasileira; portanto, é natural ver elementos de outras culturas quando estes elementos fazem parte da cultura brasileira. No entanto, embora se identifique esses elementos de diversas culturas e religiões, Umbanda tem um fundamento próprio, o que quer dizer que tem sua própria visão de mundo, independente das outras visões de outras religiões. Por isso Umbanda não é apenas sincretismo. Podemos dizer ainda que nenhuma religião nasce do nada e que todas as outras religiões nasceram da reinterpretação e absorção de elementos de outras religiões que as antecederam. Assim é com o Judaísmo, Catolicismo, Islã e Budismo, por exemplo. Moisés era um semita criado como egípcio e que se refugia na etiópia, onde aprende e pratica uma forma de xamanismo africano som seu sogro Jetro. Jesus era um judeu praticante com ideias revolucionárias. Sidarta Gautama, o Buda, era hinduísta e praticou diversos sistemas de meditação durante nove anos antes de se iluminar e criar sua doutrina e começar a disseminá-la por meio de seus discípulos.

Umbanda é religião, embora muitos não conheçam o processo de elaboração e nascimento de uma religião. Estamos diante desta oportunidade única de acompanhar a estruturação da Umbanda que vem acontecendo nestas décadas. Lembramos que o Cristianismo só foi oficializado como religião trezentos anos depois de Cristo por meio do imperador Constantino, e que sua bíblia e seus rituais levaram séculos para estar prontos da forma como se conhece hoje em dia.

Umbanda é religião e só pode praticar única e exclusivamente o bem. Esta é uma afirmação importante, levando em conta que sempre aparece alguém para dizer que frequentou ou esteve em um Templo de Umbanda no qual se pratica o mal e que isso não pode ser religião. Nós também concordamos que nenhuma religião pode praticar o mal ou cultuar o ego e os vícios do ser humano. E assim dizemos com todas as palavras e de boca cheia que Umbanda pratica única e exclusivamente o bem, o que for diferente disso não é Umbanda. Se você ou alguém frequentou um local que faz o mal em nome da Umbanda, foi enganado, e o ônus deste engano não se deve à Umbanda.

Se há umbandistas que praticam o mal? Podemos dizer que sim, tanto quanto há católicos, evangélicos, judeus, muçulmanos, hinduístas e outros religiosos que praticam o mal. Isto não é um privilégio da Umbanda. No entanto, é certo que a Umbanda não pode ser responsabilizada pelo comportamento desregrado de um ou alguns de seus adeptos ou daqueles que afirmam ser umbandistas sem o ser.

A base fundamental da Umbanda é fazer o bem por meio da prática da caridade espiritual. Se um grupo não está de acordo com esta base, não adianta dizer que tem Caboclo, Preto-Velho, altar, templo e ritual de Umbanda; não é Umbanda. Exatamente isto: se não faz o bem, não é Umbanda.

E pode acontecer, sim, de ver toda a estrutura de Umbanda em um certo local e no entanto não ver sua base essencial; no entanto, deve-se saber que é uma enganação, pode ser uma encenação, um teatro de mal gosto ou pessoas iludidas trabalhando com forças desconhecidas a elas.

Poderia escrever volumes e mais volumes de livros sobre estas afirmações acima e outras mais neste mesmo contexto, para dizer algo muito simples: Umbanda é religião!

Mas vou parando por aqui com uma única certeza: "para quem quer entender poucas palavras bastam, para quem não quer entender nenhuma palavra serve". Então, para todos os bons entendedores, creio que já está bem claro que Umbanda é religião. Para todos os outros que não querem entender este fato, podem fechar este livro, desperdiçaram seu tempo e seu dinheiro, se compraram esta obra. Mas se ainda há algo de bom e de respeito com o outro, faça um favor a nós umbandistas, dê este livro de presente a alguém, por favor não jogue fora e não o deixe parado em uma prateleira mofando ou empoeirando. O destino deste livro é ajudar as pessoas a entender o que é Umbanda, e isto é muito importante para nós umbandistas.

Se você é umbandista como eu, mas discorda de tudo que eu escrevo, só posso sentir muito por isso, pois não é possível agradar a todos, sem culpas para mim ou para você. Se puder, dê este livro de presente a alguém que possa lhe dar uma serventia melhor. Se você simplesmente não simpatiza comigo, esqueça o homem, o que importa é a Umbanda. Eu sou apenas um médium fazendo a minha parte. Mesmo que você não entenda a minha missão na Umbanda, uma coisa é certa: eu estou cumprindo a minha parte.

E assim sendo, goste você ou não, aceite ou não, entenda ou não: Umbanda é religião.

Este é o princípio deste livro. Nas próximas páginas vamos nos ocupar em entender uma pouco mais sobre: Qual religião é Umbanda? Que tipo de religião é Umbanda? O que mais podemos entender com relação à Umbanda? Qual a proposta e os valores da Umbanda? O que a Umbanda faz por nós e o que nós podemos fazer por ela? E, na sequência, vamos procurar entender quem é o umbandista e o que é ser umbandista. Sempre buscando uma linguagem clara, simples e acessível.

Recomendo ainda que leiam ao final deste livro os textos complementares: "Definições para Umbanda", "A palavra Umbanda" e "Umbandas".

O que é Religião?

Uma das formas de definir religião é ir direto ao significado da palavra, do latim, *religare*, que tem o sentido de *religar-se a DEUS*. Logo, um entendimento teológico da mesma é propiciar um encontro ou *re*-encontro com DEUS. Mas, o que pode parecer simples é, no entanto, complexo; afinal, há formas muito variadas de religião e até algumas, como o Budismo e o Jainismo, em que nada se refere a DEUS, são praticamente religiões ateístas.

Partindo deste ponto de vista, a definição de *religar-se*, embora seja muito interessante, não expressa todas as dimensões que as diversas religiões encerram em si mesmas. Por se tratar de algo indissociável ao ser humano, como produto cultural e social, recorremos às ciências humanas para melhor compreender o fenômeno em suas múltiplas formas de expressão.

Desde que o homem habita este mundo há religião, o próprio *homo sapiens* é considerado um *homo relligiosos*. Apesar de reconhecermos o quanto a religião faz parte de nossas vidas, ela já passou por um período de "trevas"; justamente no período em que surge o *iluminismo*. É quando surge o mundo moderno, pós-Revolução Francesa, que o homem se voltará a um racionalismo cientificista que nega o valor da religião. No século XIX, Augusto Comte torna-se o precursor do Positivismo declarando que religião seria substituída pela ciência, pois no futuro esta teria as respostas para as inquietações humanas buscadas no mundo teológico-religioso. E assim como os períodos mitológicos e mágicos já haviam sido superados pelo religioso, este também seria ultrapassado, declarando sua inutilidade. Religião tal qual se conhece seria uma pseudossolução para pseudosproblemas.

Nos passos de Comte viriam Nietzsche declarando a morte de Deus, Freud considerando religião uma ilusão, algo infantil, e Marx que afirmaria ser *o suspiro dos oprimidos, ópio do povo*. Cientistas promoveram uma nova inquisição na qual só tem valor o que pode ser observado, experimentado e mensurado dentro do método científico.

Em meio a tanto ceticismo, Jung oferece um contraponto às ideias de Freud, demonstrando a importância das questões religiosas na vida do ser, apresentando o erro da aplicação do método científico para negar o valor que possui a religião na vida e na psique humana:

"O conflito surgido entre ciência e religião, no fundo, não passa de um mal-entendido entre as duas. O materialismo científico introduziu apenas uma nova hipótese, e isto constitui um pecado intelectual. Ele deu um nome novo ao princípio supremo da realidade, pensando, com isto, haver criado algo de novo e destruído algo de antigo. Designar o princípio do ser como Deus, matéria, energia, ou o quer que seja, nada cria de novo. Troca-se apenas de símbolo".[1]

Religião faz parte de uma realidade subjetiva do ser, o que não pode ser mensurado, já que as ciências naturais se ocupam da realidade objetiva. O método científico fornece respostas de como as coisas funcionam na realidade física. Os diversos métodos religiosos, junto de suas doutrinas e filosofias, se ocupam em responder por que as coisas são como são. A física pode responder como o mundo surgiu, a religião se ocupa em entender por que ele surgiu. A ciência pode estudar a origem das espécies e da vida material, a religião quer estudar a origem do espírito, a origem da alma, a origem divina e sagrada. As questões da ciência são materiais, as questões religiosas são existenciais, filosóficas, doutrinárias, ritualísticas, humanas, divinas e sagradas.

Apenas as ciências humanas podem estudar a religião do lado de fora dela como um produto humano. Assim surgem várias conside-

---

1. Jung. *Psicologia e Religião Oriental*. Petrópolis: Vozes, 1991. 5ª edição.

rações das diversas ciências humanas sobre o que vem a ser religião. Cada ciência humana é uma forma diferente de olhar o mesmo objeto (religião), por meio de diferentes dimensões e perspectivas.

Vejamos por exemplo o que diz Émile Durkheim, o pai da Sociologia, em sua obra clássica *As Formas Elementares de Vida Religiosa*,[2] sobre o que vem a ser religião:

> Não há, pois, no fundo, religiões que sejam falsas. Todas são verdadeiras à sua maneira: todas respondem, ainda que de maneiras diferentes, a determinadas condições da vida humana [...]
>
> A conclusão geral deste livro é que a religião é coisa eminentemente social [...].
>
> Para aquele que vê na religião apenas manifestação natural da atividade humana, todas as religiões são instrutivas, sem nenhuma espécie de exceção, pois todas exprimem o homem à sua maneira e podem assim ajudar a melhor compreender esse aspecto da nossa natureza [...] Uma noção que geralmente é considerada como característica de tudo aquilo que é religioso é a de sobrenatural. Com esse termo entende-se toda ordem de coisas que vai além do alcance no nosso entendimento; o sobrenatural é o mundo do mistério, do incognoscível, do incompreensível [...]
>
> Max Müller via em toda religião "um esforço para conceber o inconcebível, para exprimir o inexprimível, uma aspiração ao infinito" [...]
>
> Todas as crenças religiosas conhecidas, sejam elas simples ou complexas, apresentam um mesmo caráter comum: supõem uma classificação das coisas... pelas palavras "profano" e "sagrado" [...] Eis como o budismo é uma religião: na falta de deuses, admite a existência de coisas sagradas, a saber, das quatro verdades santas e das práticas que delas derivam [...]
>
> Uma religião é um sistema solidário de crenças seguintes e de práticas relativas a coisas sagradas, ou seja, separadas, proibidas;

---
2. Ed. 2003, publicado pela Editora Paulus.

crenças e práticas que unem na mesma comunidade moral, chamada igreja, todos os que a ela aderem [...]

Edênio Valle, em sua obra *Psicologia e Experiência Religiosa*,[3] afirma que "W. H. Clark reuniu, em 1958, nada menos que 48 definições psicológicas de religião". Entre estas ele transcreveu algumas e, destas, nós destacamos algumas abaixo para concluir o que vem a ser religião:

Rudolf Otto: "A religião é o empreendimento humano pelo qual se estabelece um cosmo sagrado. Ou é a cosmificação feita de maneira sagrada. Por sagrado entende-se aqui uma qualidade de poder misterioso e tremendo, distinto do ser humano e, contudo, com ele relacionado, pois se acredita em sua presença em certos objetos de experiência... é o que faz tremer e é o fascinante".

B. Grom: "Religioso é tudo o que para os seres humanos encerra uma relação a algo sobre-humano e sobre-mundano, prescindindo-se dos modos concretos pelos quais o religioso pode ser concebido e experimentado".

W. James: "São os sentimentos, atos e experiências do indivíduo humano, em sua solidão, enquanto se situa em uma relação com seja o que for por ele considerado divino".

M. F. Verbit: "A religião é a relação do ser humano com qualquer coisa que ele conceba como sendo a realidade última dotada de significado".

M. W. Calkin: "Religião é a relação consciente do *self* humano como *self* divino, isto é, com um *self* visto como maior que o *self* humano".

Tomás de Aquino: "A religião é a virtude pela qual os homens rendem a Deus o devido culto e reverência".

Ernest Renan: "A Religião é a mais alta e atraente das manifestações da natureza humana".[4]

Definir o que vem a ser religião não é tarefa fácil; resumir em poucas palavras pode nos levar a um reducionismo de seu valor, estender-se na explicação pode tornar vago o conceito. Geralmente, quando um religioso define o que é religião, ele já traz em sua mente um modelo que exclui os outros modelos de religião, diferentes da

---
3. Ed. 2010, publicado pela Editora Loyola.
4. Ernest Renan, *Études d'Histoire Religieuse*. In Félicien Challaye, *As Grandes Religiões*. São Paulo: Ed. Ibrasa, 1998, p.13.

sua religião, e este é um dos problemas em definir e entender o que é religião. As pessoas costumam acreditar que sabem o que é "religião" baseadas apenas em sua experiência pessoal com a sua religião. Por isso o estudo do quem vem a ser religião num sentido amplo não é simples e nem deve ser orientado por um leigo ou religioso que desconheça a universalidade deste tema, que não pode ser estudado de forma parcial e limitada.

Os místicos, que tiveram um contato íntimo com o sagrado, costumam ter definições mais abrangentes e menos dogmáticas sobre o que vem a ser religião. Para eles, religião é fruto de uma experiência vivida e não apenas um conjunto de regras, doutrinas, dogmas ou ritual. Vejamos a definição do Mestre e Místico Hindu Vivekananda:

"A religião não consiste em doutrinas e dogmas. Ela não é o que você lê nem os dogmas que você acredita serem importantes, mas o que você percebe... A finalidade de todas as religiões é a percepção de Deus na alma. Essa é a única religião universal".[5]

Para concluir o tema podemos dizer que onde uma comunidade, por meio de uma doutrina única, coloca sua fé ou sua espiritualidade de forma ritualizada, por meio de uma doutrina única, ali está sua religião ou sua espiritualidade. Ao estabelecerem um local físico como espaço sagrado para se congregarem, esse local se torna o templo. Podemos dizer que na origem de toda religião está a experiência religiosa que é passada de geração em geração por meio de uma tradição que surge. Nem sempre os discípulos, fiéis e adeptos vivem esta experiência religiosa, no entanto a reproduzem por meio de rituais e doutrinas que dão o sentido de ser para suas religiões.

Umbanda é Religião!

A Umbanda nasce da experiência religiosa e espiritual de Zélio de Moraes. Ela se multiplica e se perpetua não apenas pela doutrina, ritual ou tradição; a Umbanda se perpetua pelo fato de que todos os médiuns umbandistas revivem a mesma experiência religiosa e espiritual pela qual passou Zélio de Moraes. A Umbanda é uma religião com todas as características que se busca ou se espera de uma religião,

---

5. *Vivekananda: O Professor Mundial*. Madras Editora.

possui: Templo, Ritual, Doutrina, Teologia e, principalmente, possui e perpetua a experiência religiosa.

JUS nº 160 – 09/2013

Umbanda é Religião

Religião é a espiritualidade praticada por uma comunidade que possui os mesmos valores.

Religião é onde esta comunidade deposita a sua fé, congregando-se em torno de uma mesma doutrina.

Religião é um conjunto de valores, de teorias e práticas que dá um sentido para a vida de seus praticantes.

Religião dá sentido para a vida e nos faz sentir vivos.

As grandes religiões costumam ter rituais coletivos que reproduzem seus mitos e conduzem os praticantes ao encontro de algo que está além deles mesmos.

Boa parte das religiões possui templos e estrutura sacerdotal para a manutenção do templo e do ritual, no entanto não é imprescindível esta estrutura. Algumas religiões fazem da natureza o seu templo vivo, outras encontram o ser humano como templo ideal para suas práticas voltadas à introspecção.

Algumas religiões possuem livros sagrados, dogmas e mandamentos, no entanto não são estes elementos e nenhuma outra característica particular que define o que é ou deixa de ser religião.

Se vamos a uma tribo indígena e encontramos ali um pajé em oração chamando as forças da natureza ou dos espíritos, podemos dizer que esta é sua religião e que a tribo, como uma comunidade, comunga dos mesmos valores. O que fica bem claro nos rituais coletivos em que todos dançam e cantam juntos para o que lhe é sagrado.

Se vamos a uma comunidade africana mais isolada e lá encontramos um xamã conduzindo um ritual, podemos dizer que esta é sua religião.

Se vamos a comunidades nativas em todo o planeta, encontraremos práticas xamânicas que são as expressões da religião de cada grupo, e não importa se estes grupos são considerados atrasados ou primitivos, se têm ou não a escrita. Eles creem nos mesmos valores e recorrem a uma doutrina para se relacionar com o que é sagrado. Isto basta para ser uma religião.

O grande problema de definir o que venha a ser religião é que a grande maioria das pessoas pega a sua religião como referência e crê que, para que outros sistemas de crença venham a ser reconhecidos como religião, devem ter a mesma estrutura. No entanto não é a estrutura que define a religião, e sim a comunidade que comunga um mesmo conjunto de valores com relação ao que é sagrado.

Religião é onde nós colocamos a nossa fé de forma coletiva e ritualizada. Quando é algo individual, chamamos de religiosidade ou espiritualidade, o que podemos considerar a sua religião individual.

Quando colocamos a fé em algo de uma forma grupal, então surge uma congregação de pessoas em torno de um ideal, surge a comunhão de pensamentos, surge uma doutrina, um ritual, uma liturgia, uma mitologia e a separação entre o que é sagrado e o que é profano.

Coletivamente, organizam-se os templos, hierarquias e tradições para perpetuar o sagrado que pode vir a ser redigido em textos que também se tornarão sagrados.

Mas tudo começa apenas com a fé de uma pessoa e de um pequeno grupo de seguidores que, com o tempo, podem atrair muitas outras pessoas para viver segundo seus valores.

Tudo isso costuma nascer da experiência religiosa, espiritual e mística de uma primeira pessoa, um místico, um mestre, aquele que deu origem a essa religião. Este vai passando aos demais o seu aprendizado prático que resultou em uma mudança de vida e comportamento. Os que estão à sua volta passam a admirará-lo, o amam, confiam e têm fé em sua palavra, como um reflexo do que é possível ver e sentir em sua presença perturbadora e iluminada.

Assim como em todas as outras religiões é com a Umbanda. Ela preenche todos os requisitos do que se espera ou se caracteriza como religião. Umbanda cumpre tudo o que foi listado anteriormente e ainda podemos dizer que é uma religião moderna, urbana, metropolitana, ocidental, brasileira e praticada em templo, embora cultue a Natureza como o templo ideal. Umbanda possui estrutura ritual, hierarquia, doutrina, teoria e prática muito bem definidas e estabelecidas por sua comunidade.

Umbanda é religião e pratica única e exclusivamente o bem!

Qualquer coisa contrária a isto não é Umbanda, e sim um engano!

Umbanda é um espelho da cultura e do universo brasileiro. Quanto mais a gente estuda a Umbanda, mais descobre que não sabe nada; quanto mais a gente estuda, mais ainda vê que tem a estudar. Umbanda tem matéria de conhecimento e autoconhecimento para muitas vidas de trabalho. E como diz Rubens Saraceni: "Umbanda é a religião dos mistérios de Deus, um culto à natureza".

JUS nº 164 – 01/2014

O que é e o que não é Umbanda

Umbanda não é para o Meu Ego,
Umbanda não é para a Minha Vaidade,
Umbanda não é para Me Promover...

Umbanda é para Minha Fé,
Umbanda é para Meu Amor,
Umbanda é para Meu Autoconhecimento,
Umbanda é para meu Equilíbrio,
Umbanda é para Minha Disciplina,
Umbanda é para Minha Evolução,
Umbanda é para Minha Vida...

Umbanda é uma religião que prega as mesmas virtudes e busca a mesma paz de espírito que todas as outras religiões. Em suas práticas, o bom senso, o respeito, a ética e a moral são conceitos tão válidos e importantes quanto em qualquer outro segmento. Embora não esteja codificada nem dogmatizada, a Umbanda acredita que somos conscientes do que é bom ou não para nós e para o outro, e assim a Umbanda prega a regra de ouro de todas as religiões: "Não faça ao outro o que não quer que façam a você". E mesmo não registrando mandamentos, é certo que tem a máxima de Cristo como princípio fundamental, o que muitos consideram como o grande mandamento: "Amar ao próximo como a si mesmo". No entanto, o amor não funciona por meio de ordens e mandamentos; antes de amar ao próximo é fundamental amar a si mesmo, caso contrário não há amor para o próximo. Os guias de Umbanda sabem disso e, por esta razão, não se baseiam em ordens, mandamentos e dogmas, mas sim na conscientização do ser. A grande base da Umbanda é nos tornar conscientes de nós mesmos, do outro e do mundo à nossa volta. Mesmo com toda esta flexibilidade e liberdade, é possível dar algumas diretrizes do que é e do que não é Umbanda:

UMBANDA É:

"Umbanda é a manifestação do espírito para a prática da caridade."
"Umbanda é Amor e Caridade."
"Umbanda é aprender com os mais evoluídos e ensinar aos menos evoluídos."
"Umbanda é religião, como qualquer outra, mas com fundamentos próprios."
"Umbanda é, acima de tudo, trabalho espiritual."
"Umbanda é Fé, Amor, Conhecimento, Justiça, Lei, Evolução e Geração."
"Umbanda é o UM, o Todo, com todos nós, a sua BANDA, suas partes."
"Umbanda é sinônimo de Curador, Sacerdote e Médium."
"Umbanda é o Templo onde habita Olorum e seus Orixás, junto de nós e nossos guias."

UMBANDA NÃO É:

Trabalhos espirituais financeiramente cobrados.
Assédio moral, sexual ou comportamento promíscuo.
Falta de ética, índole ou desrespeito aos que procuram ajuda espiritual.
Trabalhos de amarração para o "amor" e outros similares.
Promessas de milagres e soluções materiais mirabolantes.
Atalhos para evolução e iluminação, sem trabalho e dedicação espiritual.
Ignorância espiritual e malefícios de qualquer ordem que seja.
Oráculo do futuro para quem não quer assumir sua responsabilidade frente à vida, o destino ou suas próprias escolhas.

Umbanda é uma Religião Simples e Complexa

Umbanda é simples e complexa ao mesmo tempo.
A Umbanda pode ser simples de praticar e complexa de compreender.
Simples é o que está na superfície, visível a todos; complexa é a profundidade de cada um de seus elementos, símbolos e ritos.
Simples é o que se vê, complexo é conhecer.
Simples é sentir, complexo é saber.
Simples é amar, complexo é estudar.
Simples é boiar, complexo é nadar e mergulhar.
Simples é a vida, complexo é viver.
Simples é rezar, complexo é explicar.
Simples é o que funciona, complexo é o que faz funcionar.
Simples é Deus, complexa é sua perfeição.
Simples é andar, complexo é onde pisar.
Simples é a Umbanda, complexa é a Umbanda.
Assim como é a vida!
Umbanda é uma religião onde se vê este encontro único de todas as raças e muitas culturas como o extrato de uma única cultura; a cultura brasileira.

Umbanda é europeia, afro, oriental e nativa ao mesmo tempo, sendo legitimamente brasileira. Recebeu influências de suas origens espírita, católica, xamânica e mágica, o que a define como cristã, espírita, mediúnica, xamânica, mágica, mediúnica, indígena, com um pano-de-fundo cristão, culto aos Orixás, veneração aos santos e manifestação de espíritos num ritual ímpar que tem como objetivo ajudar ao próximo como objeto de caridade. Por isso, Umbanda é complexa em seu entendimento e simples em sua prática.

Umbanda é religião!

Umbanda é Paradoxal

A Umbanda é una e diversa, apresentando-se de uma forma muito peculiar. Ela é ao mesmo tempo: Religião e Espiritualidade, Ciência e Magia, Mística e Ritual, Filosofia e Poesia, Mediúnica e Xamânica, Teológica e Mitológica, Arte e Tradição, Encanto e Desencanto, Inclusiva e Exclusiva e, acima de tudo, Simples e Complexa. Simples para quem quer aprender, complexa em sua profundidade.

A Umbanda reflete muito do que está em nosso íntimo, revelando-se simples para as pessoas simples e complicada para as pessoas complicadas.

A Umbanda é mais ou menos mágica, afro, indígena, europeia, oriental, espírita, xamânica, mediúnica, popular, científica, ritualística, racional, afetiva, quente, fria, intensa ou apaixonante, de acordo com o campo de afinidade de cada um. Nenhum Templo de Umbanda é igual ao outro, pois o templo é um espelho de seus dirigentes e do corpo mediúnico. Um templo dirigido por um sacerdote filho de Ogum nunca vai ter o mesmo perfil de outro dirigido por uma filha de Oxum, de Iemanjá ou de Nanã. Assim como as influências culturais e regionais. Cada templo é único e especial, e assim vamos aprendendo mais sobre a Umbanda e sobre a vida, pois as pessoas também são únicas e diferentes.

Na Umbanda podemos aceitar que Deus está no Céu e na Terra ao mesmo tempo.

Que Deus está dentro e fora de nós.

Que Deus está no templo e na Natureza.

Que Deus não tem forma, mas se mostra no íntimo de cada um de nós.

Na Umbanda aprendemos que Deus ouve por nossos ouvidos, fala por nossa boca, pensa em nossa mente e se manifesta por meio de cada um de nós neste mundo. Nós não somos Deus, mas Deus está em nós, a Natureza não é Deus, mas Deus está nela, os Orixás não são Deus, mas Ele se manifesta por meio deles.

A Umbanda é paradoxal assim como paradoxal é a vida, assim como paradoxal é o mundo, assim como paradoxal são as verdades divinas em relação às verdades humanas. O contrário de uma verdade pode ser outra verdade, e assim como a física quântica crê nesta verdade ao olhar para a física clássica, também o micro, nós, deveria ver a mesma verdade paradoxal ao olhar para o macro.

Umbanda é paradoxal, é religião de manifestação visceral do macro no micro, religião de transe, religião de experiência e verdade, religião de valores intensos vividos que não podem ser negados. Umbanda é religião de verdades comprovadas na pele e no espírito. Umbanda é religião de teorias e especulações lógicas e racionais que nos levam a filosofar e poetizar a vida, a fé e o amor por nós mesmos e pelo outro.

Umbanda é para vivos e mortos, encarnados e desencarnados, despertos e sonhadores, homens e divindades, carne e espírito, paixões e desamores, encontros e desencontros. Umbanda é para quem vem pelo amor ou pela dor. Umbanda é um paradoxo simplesmente porque a vida é um paradoxo.

A vida não admite conclusões nem verdades absolutas e assim é a Umbanda. Umbanda é como um rio, impossível entrar na mesma água duas vezes. Umbanda é como um rio fluindo o tempo todo. Umbanda é como um rio e assim é a vida: se insistir em ficar parado as águas o levam, se aceitá-las poderá conhecer outros mundos e ir ao encontro do oceano infinito. A Umbanda é como um rio ou muitos rios em que todos levam ao mar. São muitos os rios, muitas as águas, no entanto, todos são de uma mesma natureza. Esta natureza é a Umbanda.

Umbanda é Religião e Espiritualidade!
Umbanda é doutrina e liberdade!
Umbanda é ciência e magia.
Umbanda é arte e método.
Umbanda é filosofia e poesia.
Umbanda é teologia e mitologia.
Umbanda é templo e natureza.
Umbanda é mediúnica e xamânica.
Umbanda é divina e humana.
Umbanda é espontânea e ritual!
Umbanda é arte e tradição!
Umbanda é objetiva e subjetiva!
Umbanda é inexplicavelmente incrível!
Umbanda é ancestral e atual.
Umbanda é antiga e moderna.

Umbanda é nossa Religião; Umbanda é nossa Fé; Umbanda é nosso Amor; Umbanda é nosso Saber; Umbanda é nosso Equilíbrio; Umbanda é nossa Ordem; Umbanda é nossa Evolução; Umbanda é nossa Vida; Umbanda é nossa Verdade; Umbanda é Linda; Umbanda é Libertadora; Umbanda é Encantadora; Umbanda é Fascinante; Umbanda é Misteriosa; Umbanda é Apaixonante; Umbanda é Luz; Umbanda é Força; Umbanda é Caridade; Umbanda é Generosidade; Umbanda é um Caminho; Umbanda é Tudo e Todos; Umbanda é Deus e sua Banda!

Umbanda é Terra, Água, Ar, Fogo, Vegetal, Mineral e Cristal.
Umbanda é um fato, real, objetiva e subjetiva.
Umbanda é uma constante quebra de paradigmas.
Umbanda não é o que você faz, Umbanda é o que você é!

Umbanda É!
Simples assim!

Umbanda é religião de minoria.

Nas minorias religiosas se encontram: experiência mística, magia, valorização da individualidade, identificação do mistério pessoal e contato direto com o mistério maior. Na massificação, nas grandes religiões institucionalizadas e de hierarquia material vertical, há um afastamento do mistério e da magia, que são elementos de encanto, fascínio e independência espiritual para o ser humano.

O contato direto com a divindade é um "empoderamento" do ser, no qual cada um colhe sua experiência pessoal e intransferível. Uma experiência inexplicável com o transcendente, com o Sagrado.

Na origem das grandes religiões vamos encontrar esta experiência em seus fundadores e nos primeiros membros que formam os grupos de origem fundante para elas. Assim temos os relatos das experiências de Abraão, Moisés (Moché), Cristo, Maomé (Mohamed), Buda (Sidarta Gautama), Ramakrishna, etc. Ter uma experiência mística, ter espiritualidade ou um contato com o Sagrado dentro de nós é diferente de ter uma religião, cumprir um rito ou participar intelectual e racionalmente do Sagrado.

Nem sempre religião e espiritualidade caminham juntas. A Umbanda é quase uma não religião neste sentido, pois provê espiritualidade, contato direto com o mistério e "empoderamento" do ser em relação à sua vida e seu livre-arbítrio. Estas são características de uma religião de minorias, não de todas, claro, mas de religião que não se perdeu em instituições, burocracias e hierarquias na terra.

Algumas religiões têm uma vertente paralela para a prática mística espiritual e de magia, assim, o Judaísmo tem a Cabalá, o Cristianismo a Gnose, o Islã o Sufismo, o Hinduísmo a Vedanta, o Budismo o Zen e, no caso da Umbanda, ela é ao mesmo tempo Ritualística e Mística. Sua hierarquia não vai muito além de uma, duas ou três gerações, e cada médium tem contato direto com a espiritualidade, o mistério e a magia. Cada médium é um sacerdote, cada corpo é um templo no qual habita o Sagrado.

A Umbanda revive rituais e práticas milenares que por si só passam a regular as manifestações, dar ordem e sentido à vida de seus médiuns. Além da presença de Deus, dos Orixás e Guias, a força do ritual traz para a vida de seus praticantes: a palavra (doutrina), o ritmo (ordem), a poesia (amor) e sentido (filosofia). Aos poucos vamos absorvendo todos estes valores de forma consciente e inconsciente, por meio das manifestações, das músicas, orientações e estudos. A Umbanda permite e incentiva que cada um tenha, também, sua experiência pessoal, além do que está sendo vivido pelo coletivo.

Ao longo dos anos, o médium vai aprendendo com seus Guias, Mestres, Padrinhos e Orientadores a manipular forças, cortar demandas, evocar e invocar mistérios e relacionar-se de forma direta com Deus e os Orixás.

O que antes desestruturava o ser, como ataques, visões, histeria e possessão, agora é visto de uma forma natural: não há "loucos", e sim médiuns a serem educados. Mais do que doutrinados, mais do que engessados, médiuns a serem esclarecidos. Entramos em um processo de conhecer nossos dons, o que de certa forma é o "conhece-te a ti mesmo"; e assim vamos conhecendo entidades, formas e energias que querem, e muito, ajudar a humanidade.

De uma forma muito natural a Umbanda vai entrando em nossas vidas. Não pede conversão, não pede para renegar a fé alheia, não pede para nos tornarmos santos do dia para a noite, não pede nada.

Orienta, ensina as leis de ação e reação, explica que "a colheita é livre e a semeadura obrigatória".

Sem estimular o fanatismo, vai oferecendo auxílio por meio de uma nova forma de ver a vida. Um olhar por meio dos mistérios, no qual tudo nesta vida tem seu encanto, especialmente quando nós nos permitimos ir ao encontro do outro, ir ao encontro do Sagrado, de forma real, mergulhando na experiência que está além dos sentidos materiais, vivendo sentimentos, emoções, vibrações e sensações que não tem como ser explicados.

Umbanda é para viver uma vida melhor. Uma vida junto do que nos encanta e fascina.

JUS nº 124 – 09/2010

Umbanda é Religião de Resistência

Os espíritos mensageiros de Umbanda respeitam tanto o nosso livre-arbítrio que não nos forçam a nada, nem a uma conversão para a religião muito menos a uma doutrinação forçada.

A absorção da religião e seus valores se dá de forma natural e sem dogmas ou tabus. Todos os valores de Umbanda e de seu ritual têm uma razão de ser e, aos poucos, vão se apresentando ao praticante.

Pertencer a uma religião discriminada nos tornam pessoas muito especiais. A religião discriminada é uma forma de religião de força e resistência, portanto seus praticantes são fortes e resistentes. Fortes na fé e resistentes contra a intolerância, a discriminação e o preconceito.

Os praticantes de uma religião discriminada são do tipo que não se preocupam com aparência; somos fortes e determinados, pois o que tem mais valia é o que sentimos e não o que pensam ou falam de nossa religião. Temos convicções religiosas muito arraigadas, viscerais, que nos tomam e envolvem corpo, mente, espírito e alma. A Umbanda se manifesta de dentro para fora em nosso ser. A experiência religiosa que acontece na Umbanda é algo muito forte e nos dá força para vencer as dificuldades da vida. Tamanho é o amor e a força que recebemos na Umbanda que estar acima do preconceito e intolerância passa a fazer parte de um sentimento de orgulho de ser umbandista. E assim todo o preconceito é visto como enorme ignorância acerca de toda a beleza e encanto que a Umbanda tem e que traz para nossas vidas.

Confundimos "ter religião" com o fato de "ser católico", pois ser umbandista não muda em nada o fato de acreditar em todas as outras religiões e sentir que Deus está em todas elas. Ser umbandista nos mantém com a mesma liberdade de quem não tem uma religião e crê em todas as religiões. Afinal, a Umbanda nos dá liberdade total de ir e vir onde quisermos e crê que todas as religiões são boas. A Umbanda é universalista por natureza, é, ainda, uma nova religião que agrega em seu seio uma grande parcela de adeptos que não aceitam viver com dogmas, doutrinação radical e valores que venham a nos podar a liberdade. Ser umbandista é ser livre de amarras. Umbanda deve ser e é sinônimo dessa liberdade de praticar uma espiritualidade muito leve e tranquila, ao mesmo tempo que é forte e poderosa em nossas vidas e de quem procura nossos guias.

Umbanda é Religião de Inclusão Social

Já faz tempo que queria escrever sobre este tema, da relação de inclusão social com a Umbanda.

Umbanda é uma religião de inclusão social e respeito às diferenças. A Umbanda desenvolve um grande senso de justiça e também o bom senso para ver o diferente com olhos de amor. E assim nasce a forma mais bela de respeito, o respeito como fruto do amor.

Enquanto algumas religiões pregam discriminação e preconceito, alimentando homofobia e agressões de todos os tipos, a Umbanda nos ensina a amar o diferente, e desta forma o respeito é só uma consequência natural do amor.

Onde não há respeito não há amor.

Uma criança que cresça no ambiente de Umbanda desde cedo aprende amar o diferente em todos os sentidos e é incentivada a pensar a religiosidade de um ponto de vista racional e emocional ao mesmo tempo. Racional, pois tudo tem um porquê de ser; e emocional, pois há uma dimensão mística de amor que é vivida e sentida para si e para o outro, todos os outros tão outros e tão diferentes de si e entre si.

Pois temos em nossa religião linhas de trabalho que se formaram a partir de arquétipos daqueles que são historicamente excluídos, inclusive por aqueles que eram legalmente excluídos como o "Preto-Velho" (arquétipo do negro escravo) e do Caboclo (arquétipo do índio). Hoje não há mais uma exclusão legal, todos são iguais perante a lei; no entanto, há outras formas de exclusão, principalmente a decorrente da condição socioeconômica e também da discriminação com que alguns grupos são tratados. Por exemplo, há aqui na região Sudeste, mais especificamente em São Paulo, um grande preconceito com o nordestino, é fato. E é justamente nesta cidade e Estado que mais se trabalha com a linha dos Baianos. Temos também na Umbanda a linha de Ciganos, que por muito tempo estiveram à margem da sociedade, eram qualificados com os piores adjetivos e por conceitos como "cigano é ladrão de criancinha". As crianças que de fato por muitos são tratadas sem o devido cuidado, aqui também recebem posição de destaque assim como o idoso, o "velho", que é sempre sinônimo de sabedoria e tratado com muito mais amor que boa parte dedica realmente aos seus avós e bisavós, quando os têm. Marinheiros, Boiadeiros, Cangaceiros, Piratas, Exus, Pombagiras e Malandros. O marginalizado passa por uma re-significação de valores dentro da Umbanda. Mesmo um Cangaceiro que em vida representou morte, medo e terror, agora pode vir trabalhando para ajudar e proteger; um Malandro não é vagabundo, e sim aquele que nos ensina a passar com "jogo de cintura" e bom humor as maiores dificuldades; Exu e Pombagira são Guardiões do Templo e da religiosidade; Pirata não é ladrão, e sim um Guardião do mar; Boiadeiros e Marinheiros, todos têm seu valor. Por mais que todos possam ter errado, ainda assim temos qualidades e virtudes, e é por meio delas que vamos buscar o que temos de melhor a oferecer ao próximo.

O umbandista, frente a esta diversidade de arquétipos, aprende a não julgar o diferente, aprende a amar o excluído, aprende que um mesmo espírito pode reencarnar muitas vezes em diferentes condições culturais, raciais e sociais.

Aprendemos que nosso valor não está na roupagem, não está na cor da pele ou dos olhos ou mesmo da orientação sexual. Nosso valor está na vida e no outro, em nossas atitudes perante a vida e perante o semelhante. Por mais diferente que ele seja, todos temos uma essência original em comum, todos somos irmãos.

Tudo isso aprendemos na Umbanda, uma religião que não exclui nada nem ninguém, a religião da inclusão em todos os sentidos. Justamente pelo fato de nos sentirmos excluídos também por sermos umbandistas, excluídos em muitas situações em que outras religiões ganham destaque no cenário político, por exemplo, por sua força de pressão, nós umbandistas desenvolvemos um grande senso de justiça e também o bom senso para ver o diferente com olhos de amor, pois somos também a religião dos diferentes.

Poderia me estender muito mais ainda, no entanto, o objetivo aqui é chamar a atenção para algo muito grave que vem acontecendo, pois há tempos estamos alertando a sociedade para uma guerra religiosa que vem sendo travada contra nós, mas que vai se estendendo contra todos que sejam diferentes dos intolerantes e fundamentalistas religiosos que vêm dominando o quadro social e político no Brasil. Pouca atenção se tem dado a esta situação e pouca mídia se tem dado aos fatos de agressão sofridos por adeptos dos seguimentos afro-brasileiros. No entanto, com o tempo, os estragos tendem não só a aumentar na quantidade, mas também no raio de ação. Pouca relação se faz entre ataques de homofobia e religião, mas é fato que muitas religiões não aceitam uma orientação sexual diferente. Temos visto em todas as escalas de valor social o desrespeito e a agressão, que muitas vezes começam com o *Bullying* nas escolas entre crianças e termina em casos de polícia entre adultos, que tiram as vidas um do outro por não aceitarem que o outro seja diferente.

Na Umbanda somos moldados a uma postura inclusiva, naturalmente somos lapidados. Qual preconceituoso, arrogante, soberbo, vaidoso que não muda ou começa um processo de mudança ao tirar os sapatos e ajoelhar aos pés de um Preto-Velho como última esperança para suas "urucubacas", "ziqueziras" e outras "coisas feitas", que muitas vezes ele mesmo se fez ao agredir o outro com sua postura. Quem não aprende humildade, simplicidade e respeito ao outro na Umbanda, ainda não aprendeu nada...

JUS nº 127 – 12/2010

Umbanda é
A Escola da Vida

Em 1924, Benjamim Figueiredo fundava a Tenda Espírita Mirim, tendo à frente de seus trabalhos o portentoso Caboclo Mirim. São desta entidade algumas das afirmações mais conhecidas pelos umbandistas. Dizia o Caboclo Mirim que "Umbanda é coisa séria, para gente séria" e "Umbanda é a escola da vida". Com estas palavras conseguimos alcançar a dimensão da importância do estudo da religião em sua doutrina.

Em 1933, Leal de Souza publicava o primeiro livro da Umbanda: *O Espiritismo, a Magia e as Sete Linhas de Umbanda*, fruto legítimo da "escola do Caboclo das Sete Encruzilhadas".

Na década de 1970, Pai Ronaldo Linares criava o primeiro curso de sacerdotes de Umbanda de forma aberta e livre, para quem quisesse iniciar-se nos mistérios da religião. O próprio Zélio de Moraes incentivou esta iniciativa da Federação Umbandista do Grande ABC.

Ainda assim, na década de 1980, reinava grande confusão de doutrinas dissonantes entre os umbandistas, período este marcado por um esvaziamento da religião, que entrava em franco declínio pela falta de organização e clareza dos fundamentos de Umbanda aliadas à guerra de vaidades que se instalou entre dirigentes e lideranças da religião.

Foi nesse período que surgiu, de forma acanhada, as primeiras obras psicografadas por Rubens Saraceni. Foram tantas as informações absorvidas por ele através de sua mediunidade que se somaram volumes e mais volumes de livros e apostilas sobre a Umbanda. Em 1996, pôde o médium entender o porquê de tanto material vindo para suas mãos direto do astral; dava ele início à sua missão de criar cursos que esclarecessem sobre a Teologia e o Sacerdócio Umbandista, além da Magia Divina.

Eu me orgulho de participar deste processo e afirmar que não basta praticar a Umbanda, deve-se ter por amor e não por obrigação, entender a Umbanda. "Com quem sabe mais aprenderemos, e a quem sabe menos, ensinaremos". Portanto, meus irmãos de fé, umbandistas, em nome da clareza e da simplicidade de Umbanda, estudem e apliquem os fundamentos da sua religião.

JUS nº 104 – 01/2009

Umbanda é *Pop*?

Deus é pop. Esta é a matéria de capa da revista *Época* nº 578, de, 15 de junho de 2009. Traz ainda uma imagem bem jovem – Jesus estilizado à frente do que parece um muro pichado. "Foi mais forte que eu"; quando vi já estava lendo a matéria, observando o perfil do jovem religioso e pensando a Umbanda neste contexto.

Na matéria são colocados os dados de uma pesquisa inédita do instituto alemão Bertelsmann Stifung, realizada em 21 países onde o jovem brasileiro se destaca como o terceiro mais religioso do mundo, após os nigerianos e guatemaltecos. **95%** dos brasileiros entre 18 e 29 anos afirmam ser religiosos e **65%** *profundamente religiosos.*

Os dados são interessantes, quando confrontados, pois do total de jovens pesquisados **66,2%** são católicos, **18,8%** são protestantes, **7,9%** são religiosos, mas não seguem nenhuma religião, **4,0%** são ateus, **1,4%** são espíritas, **1,4%** "outros" e **0,3%** não sabem responder ou não opinam.

A pergunta que não quer calar é onde será que está a Umbanda neste contexto? Será que somos uma parte dos "outros"? Diria que tecnicamente sim, mas não é o que penso; acredito que somos, sim, uma parte dos "outros" **mais** uma parte dos espíritas; **mais** uma parte dos religiosos que não seguem nenhuma religião; **mais** uma parte dos católicos; **mais** uma parte dos protestantes; e até **mais** uma parte dos que não sabem e não opinam... enfim, nunca sabemos direito quem somos nós. Vem aí sempre um novo censo, e com certeza, continuaremos sem saber quantos somos, pois a maioria dos umbandistas e frequentadores não assumem que são *umbandistas*.

Podemos ainda ir mais longe. Lembre-se, são 62,2% de católicos e 18,8% de protestantes, mas quando a pergunta mudou para: *Você acredita em reencarnação?*, a resposta foi que 67% têm *crença alta* (acreditam), 23% têm *crença média* (me parece que nem acredita nem desacredita), apenas 6% têm *crença baixa* (não acredita) e 4% não responderam. Sabemos que protestantes e católicos não aceitam a reencarnação. Quem são estes, afinal, que se dizem destas denominações e ao mesmo tempo creem na reencarnação? São católicos-espíritas, católicos-umbandistas, protestantes-esotéricos, protestantes-espíritas ou outras variações possíveis como "macumbeiro-evangélico" ou "candoblecista-cristão". O Brasil é o país mais espírita do mundo, mais católico do mundo e, claro, o mais umbandista do mundo; no entanto, é também o único lugar do mundo onde encontraremos "católicos não praticantes". Somos católicos porque um dia fomos batizados em uma Igreja Católica, que batiza para não ficar pagão, batiza para não ter doenças, batiza para não ter quebranto e batiza porque os avós fazem questão.

Existe uma brasilidade acima de qualquer credo, é como raça, boa parte dos brasileiros não sabe se é branco, negro, amarelo, vermelho, pardo, mulato, jambo, cafuso, mameluco, "café com leite" e outros, no final somos brasileiros e fugimos de rótulos. Bom para quem quer liberdade, complicado para quem quer estimativa, difícil para quem quer ser reconhecido, dificílimo para quem luta contra discriminação e intolerância. Afinal, "são tão poucos os umbandistas, que sua religião está mais para uma seita". Ledo engano. Somos muitos, somos muito mais que os quatrocentos mil computados no último censo, somos no mínimo umas dez vezes este número, uns quatro milhões, por baixo.

A questão é cultural. A Umbanda não pede a conversão. "Católicos" frequentam Umbanda a vida inteira sem se converter, sem se sentir umbandista.

Quem sabe deveríamos promover o batismo de consulentes, marcar umas duas datas ao ano para todos os consulentes que queiram se batizar e, desta forma, criar uma maior identificação.

Quanto ao batismo de médiuns, não precisamos falar, pois há terreiros que enfrentam dificuldades em entender o batismo, apesar de nos dias de hoje termos tanta informação disponível.

Não há mais desculpa! Vamos estudar e de cabeça erguida assumir o *orgulho de ser umbandista*. Afinal, praticar e/ou frequentar a Umbanda e não se dizer umbandista é mais que um auto-preconceito, é pura falta de conhecimento do que representa a Umbanda – uma religião que é universalista ao extremo e valoriza a individualidade de cada um, sem homogeneidades.

Além das questões citadas, fica a questão principal, do ponto de vista da reportagem na revista *Época*: o que pensa o jovem e quem está pronto para receber o jovem.

Do nosso ponto de vista, fica uma pergunta apenas e todas as suas implicações e questionamentos individuais e coletivos: A UMBANDA É *POP*?

JUS nº 109 – 06/2009

Umbanda é A Religião do Futuro?

Tivemos uma época de descrença religiosa; mais do que isso, religião tem sido sinônimo de hipocrisia e distorção dos reais valores espirituais.

Vemos religiões ainda hoje se sustentando em pilares como **Dogma** e **Tabu**, enquanto a Umbanda é uma religião nova com uma proposta nova e inovadora no campo da fé. Uma **religião sem dogmas nem tabu**.

Tudo depende da direção que dá o sacerdote na direção de seus trabalhos espirituais. Se trabalharmos bem com a informação e o esclarecimento espiritual, teremos na Umbanda o sonho de muitos de nós no que diz respeito a religião.

Podemos ainda idealizar o que é um bom trabalho de Umbanda, podemos conversar com os consulentes antes dos trabalhos para explicar o que é Umbanda e qual a proposta de nossa casa (Centro, Tenda, Terreiro ou Núcleo de Umbanda).

As sessões de atendimento podem ser de consulta e passe, ou apenas passe sem consulta.

Podemos realizar cultos coletivos com ou sem incorporação.

Podemos fazer a chamada de muitas linhas de trabalho, podemos fazer vivências e meditações antes dos trabalhos e em dias especiais.

Podemos aprender e muito com o Xamanismo, Kardecismo, Culto de Nação, Cristianismo, Budismo e outras religiões.

A Umbanda nos dá uma liberdade tão grande de ação que muitos de nós começam a se perguntar: *"Será mesmo que tudo isso é Umbanda?"* Se tantas casas trabalham de formas tão diferentes, como podem ser todas elas Umbanda?

Exatamente esta é a questão que colocará a Umbanda como uma religião para o futuro, pois cada vez mais nos distanciaremos dos dogmas e tabus para nos associarmos à prática livre da espiritualidade.

A Umbanda não é **instituída**, ela é **constituída** por homens e mulheres que são livres-pensadores da espiritualidade com uma identificação forte na forma de praticá-la.

O que identifica os umbandistas é a prática da caridade espiritual, através da incorporação mediúnica de guias espirituais como Caboclo e Preto-Velho dentro de um templo com ritual próprio e único.

No futuro, teremos uma variação muito grande de cultos e religiões, pois cada um ou cada grupo de pessoas pode idealizar sua religião, o que de certa forma não foi descoberto ainda. A Umbanda é uma só que ao mesmo tempo é muitas.

"Umbanda se adapta à nossa maneira de ver o mundo." Façamos dela muito mais que um conjunto de regras e doutrinas, façamos dela a nossa Religião do Amor.

É responsabilidade de cada um de nós elevar a qualidade da Umbanda e nos esforçarmos em entender melhor a profundidade de nossos trabalhos.

A Umbanda é mal compreendida hoje por se tratar de uma religião muito à frente de nosso tempo. Umbanda é uma religião para o futuro.

JUS nº 89 – 10/2007

Umbanda – um Ideal!

Um ideal maior do que nossos Egos!
Um ideal maior do que nós!
O que é um Ideal?
Um ideal é algo ao qual buscamos, algo pelo qual vale a pena lutar, algo pelo qual damos um sentido à vida, algo que nos motiva a acordar a cada manhã, algo além da carne!

Umbanda não é apenas nossa religião, é um Ideal; por ela lutamos, comemos, vivemos, acreditamos, nela está depositada nossa fé e esperança...

A Umbanda está além dos umbandistas, nós sem ela seríamos descrentes, ateus ou andaríamos sem rumo à sua procura, mas Umbanda, mesmo sem nós, encarnados, é ainda Umbanda no astral. Mesmo sem ninguém ela é Umbanda, mesmo que ninguém fosse umbandista hoje, um dia ela viria a ser em nossos corações, pois **Umbanda vem do Coração do Criador para os nossos corações**.

Umbanda vem de cima para baixo, e não de baixo para cima; não foi criada por homens, e sim pelo Criador de Tudo e de Todos, manifestado em poder de realização através dos Orixás, fortalecendo-se nos guias e mentores, para, finalmente, se concretizar na matéria por meio dos médiuns, cavalos de Umbanda. Já que podemos entender também **"cavalo" como "aquilo que dá sustentação a algo"**, nós damos a sustentação material para o espiritual e divino que se manifesta no seio de nossa religião.

Umbanda é Fé, Amor e Caridade, isto basta para defini-la. Até quando vamos nos envergonhar da prática da Fé, Amor e Caridade? Até quando o senso (IBGE) irá mostrar a vergonha ou ignorância que temos acerca de nossa religião?

Temos que conquistar o **"Orgulho de sermos umbandistas"**. **Mas sozinho ninguém faz nada** e, pasmem, estou eu aqui em plena madrugada de domingo, 01h57, escrevendo estas poucas linhas que parecem brincar com meus pensamentos e fluir pela minha mente, pois nada calculei, nada programei, apenas sentei-me à frente do micro e as palavras foram tomando forma, e uma a uma foram aparecendo como se já estivessem prontas em algum outro lugar, apenas tive que cumprir minha parte, estar disponível, de mente vazia e tranquila.

Ainda assim **sei que serei criticado e mal compreendido**, talvez por isso, no mês passado, outro texto recebi, quase de forma automática: **"Amado pela luz e odiado pelas trevas"** (JUS, junho de 2005, nº 62), como diria um Preto-Velho: **"temos que conviver com o joio e o trigo, quem os separa, não somos nós"**.

Gostaria de todos os meses ter esta inspiração; muitas vezes sabemos o que queremos passar, mas não sabemos como passar; esta clareza de espírito me traz a certeza da inspiração, alguém olha por nós umbandistas, ou melhor, "Alguéns", e com certeza têm planos para nós.

Muitos dirão:

"E este tal de Cumino se acha portador dos planos dos Orixás para nós? Para mim é que não! Afinal, que mensagem pode trazer um moleque... de Umbanda... não tem de idade para isso!"

Bem, diria eu, o dia em que nada mais tivermos a aprender com os mais novos, devemos, neste dia, e só neste dia, excluir a linha das Crianças da Umbanda.

Então, em nome de todas as crianças da Umbanda, eu um mais novo, me reporto aos mais novos e aos mais velhos, com o mesmo respeito. Lembrando que mais nova mesmo é a Umbanda, e se quisermos que uma religião, que ainda é uma criança perto das outras, conquiste espaço e respeito, então devemos, sim, ouvir as crianças. **Pois, problemas de crianças adultos não entendem.**

Aquele adulto que se acha muito acima da criança, este não entende mesmo, mas o velho e sábio ancião que muito trabalhou por ela sabe que pouca diferença tem entre a criança e o adulto, e melhor faria o adulto se fosse criança sem deixar de ser adulto.

Então vamos às soluções de criança para nossa Umbanda!
Começando em:
Por que os adultos não se entendem?
Porque cresceram e se esqueceram de ser criança!
Por que os adultos se agridem?
Porque buscam na força se impor uns aos outros.
Por que os adultos não se divertem juntos?
Porque querem ser donos do campo, da bola e fazer regras que os permitam estar sempre por cima.
Por que os adultos não fazem as pazes quando brigam?
Porque nos ensinam a fazer o que dizem, mas não fazem o que pregam.
Por que na criança não tem distância entre o pensar e o agir?
Porque ainda não construíram algo chamado de EGO!
E o que é o EGO, pergunta a criança que o desconhece?
EGO é uma máscara ou personalidade que criamos para viver neste mundo de ilusão; logo, o EGO não somos nós, mas um "eu ilusório" que não corresponde ao meu íntimo e que me afasta da minha verdade, é o Pai e a Mãe dos vícios, carnais, materiais e ilusórios.

A nós distantes da realidade, da verdade, da sinceridade, da pureza da criança, **só nos resta perguntar a ela (a criança) o que fazer?**
E a resposta da criança é:
"Brinca, tio, faça uma festa onde todos brinquem juntos!"
Querem saber o nome desta criança? Pois eu lhes digo que o **nome dela é UMBANDA!!!**
E quando a criança pede sua festa? No dia do seu aniversário, claro...
Só que em religião cada 100 anos corresponde a um ano para nós encarnados; logo, o aniversário de um ano (cem anos nossos) da UMBANDA será **dia 15 de novembro de 2008.**

Temos três anos para nos preparar e mandar os "convites" a todos os "amigos da Umbanda" e todas as crianças de Umbanda vão querer estar nesta festa.

Esta ideia não é minha, tenho que reconhecer que afinal a ideia é da UMBANDA, que nos chama, portanto **não esperem que eu ou alguém organize algo**, vamos nos organizar todos sem precisar de chamamentos ou convencimentos. **Apenas vamos atender a o que a UMBANDA nos pede**, pois muito pouco ela tem pedido de nós e quase nada tem exigido.

Vamos no mínimo nos lembrar de seu aniversário de 1 ano (cem anos para nós)!!!

E vamos comemorá-lo, pois existe ex-marido, ex-mulher, ex--amigo, mas não existe ex-Pai ou ex-Mãe, isto é uma mentira, pois quem um dia foi Pai ou Mãe sempre o será, caso contrário é desnaturado, e como na Umbanda não temos ex-Pai, nem ex-Mãe de nada, vamos todos comemorar juntos o aniversário de nossa criança: A UMBANDA.

Este texto foi publicado no Jornal de Umbanda Sagrada, *número 63, julho de 2005. Ao fim do texto havia um convite para que a festa se realizasse na Avenida Paulista, mas antes da data de aniversário da religião saiu um projeto de lei proibindo as manifestações nessa grande avenida. Não houve uma única grande festa no aniversário de cem anos da Umbanda. No entanto, em todo o Brasil se comemorou os cem anos de nossa religião e essas comemorações chamaram a atenção da mídia e ao fato de ser esta uma genuína religião brasileira.*

JUS 63 nº – 07/2005

Qual o Objetivo da Umbanda?

O primeiro objetivo da Umbanda em nossas vidas é nos ajudar. O objetivo último da Umbanda em nossas vidas é não precisar mais da Umbanda para nossas vidas. E desta forma estaremos na Umbanda, porque queremos e não porque precisamos. E assim a Umbanda se firma como uma religião libertadora, desopressora e desrepressora.

No meio do caminho, a Umbanda traz uma proposta de autoconhecimento na qual o ideal é nos fazer acordar deste estado de sonolência em que vivemos, nos fazer menos autômatos e mais conscientes de quem somos nós. Embora muitos ainda busquem a religião exatamente no sentido em que Marx a definiria, como o ópio do povo, principalmente quando estamos inebriados por uma sociedade doente, ainda assim a Umbanda tenta nos libertar de nós mesmos, nos libertar de nossos vícios, condicionamentos e do nosso ego.

A mente sempre engana. Quando começamos a frequentar algum grupo espiritualista, religioso ou mesmo esotérico, logo passamos a crer que somos melhores que os outros simples mortais, um truque do ego que nos aprisiona em sentimentos de inferioridade sufocados pela arrogância na pretensão de sermos melhores que os outros. Toda a sociedade está voltada para isto: competitividade, disputa e poder num mundo consumista.(...)

(...)A Umbanda nos aponta para uma loucura maravilhosa que é ver a vida com outros olhos, nos fazer despertar, acordar. No entanto, o ego nos faz acordar de um sonho dentro de outro sonho, despertar de uma ilusão para dentro de outra ilusão, fazendo-nos crer superiores. Vemos muitos espiritualistas apegados à ideia do desapego, muitos desejando não ter mais desejos e outros viciados em se mostrar virtuosos. A Umbanda diz: "aprenda tudo isso, separe vícios de virtudes, procure a luz, seja bom, seja virtuoso, tenha desapego, vença os desejos"; e por fim lhe diz: "esqueça tudo isso também, pare de julgar os outros, apenas aprenda a ser você mesmo".

Não existe céu, nem inferno nem pecado, tudo está dentro de nós, apenas liberte-se do que o oprime e seja feliz, pois quem é feliz não agride. Quer que sua vida mude? Então mude a você mesmo primeiro. Como esperar que a vida seja o que nós queremos, se não conseguimos ser quem somos realmente? Precisamos antes nos despir de todas as máscaras sociais e mentiras que criamos para nos proteger de nossos medos, descobrir onde está a nossa sombra e o que fazer com ela.

Costumamos dizer que quem não vem pelo amor, vem pela dor, e assim boa parte dos que chegam na Umbanda chegam sedentos de algo que acreditam faltar em suas vidas. Chegam como pedintes de tudo o que se pode imaginar: carro, casa, dinheiro, poder, sexo, amor, saúde, paz, etc. Mas a Umbanda vai nos mostrando um caminho que propõe uma mudança de olhar para nossas vidas. No princípio, por meio de limpeza astral, corte de demandas, descargas, muitos passam a compreender parte desta magia divina que nos alivia de fardos pesados oriundos de terceiros. Com um refinamento de sensibilidade, vamos compreendendo que também temos nossa parcela de responsabilidade nas relações conflituosas e criadoras de tantas demandas em nossas vidas. Por meio da mediunidade ou da apuração de uma sensibilidade, vamos sendo aguçados no caminho do conhecimento acerca das energias e forças que movem toda esta realidade. Muitos não passam da primeira fase e se tornam eternos pedintes, mendigando nas portas dos terreiros, fazendo de muleta as manifestações espirituais, tendo-as por oráculos infalíveis e desejando-os à sua disposição. A estes, que não passam da primeira fase, torna-se muito tentadora a ideia de comprar a mediunidade alheia, de possuir as respostas para as perguntas ainda não feitas e poder prevenir-se do inevitável.

A Umbanda é como o pai e a mãe ideal, que conscientes desta missão, não criam os filhos para si, sabem que os filhos não são sua propriedade e, desta forma, os criam para o mundo. A Umbanda é o arco que nos impulsiona tal qual flechas no sentido e na direção que apontam nossos corações.

Os que passam da primeira fase descobrem que a Umbanda não é balcão de milagres, que nossos guias não são oráculos; descobrem que temos uma família espiritual para nos acompanhar, dar força e orientar. É possível descobrir que temos mestres pessoais, guias para a vida, e que a busca maior está voltada para os tesouros internos que cada um carrega, e não pelas posses materiais ou posições efêmeras que este mundo pode nos oferecer. Estes mestres, mentores e guias farão de tudo para que cada um de nós comece a aprender com a vida, tirando lições de cada situação que a vida nos coloca.

No momento em que tudo passa a ser lição, tiramos o peso do julgamento e começamos a nos tornar mais conscientes. Quando nos damos conta de que o melhor que há na vida é perceber a vida em si e aprender com ela, então cada momento passa a ser precioso, e o maior prazer e dedicação é nos tornamos cada vez mais conscientes de quem somos nós, e este é o objetivo maior da Umbanda para nossas vidas.

JUS nº 152 – 01/2013

Existem Muitas Umbandas?

SIM, EXISTEM, e nem poderia ser diferente; diversidade religiosa é o que há de mais natural em todas as religiões. A Umbanda foi fundada por Zélio de Moraes e o Caboclo das Sete Encruzilhadas em 1908, praticando o que podemos chamar de Umbanda Tradicional. Logo depois, em 1924, Benjamim Figueiredo e o Caboclo Mirim trazem a semente do que viria a ser a Umbanda Esotérica. Em 1950, Tata Tancredo estrutura a Umbanda Omolocô. Chama-se Umbanda Popular uma forma de trabalhar a Umbanda sem se preocupar com seus fundamentos, sem estudo ou conhecimento do que está praticando, às vezes, se aproximando do Catolicismo Popular. É comum identificar como Umbanda Branca uma forma mais espírita de praticar a Umbanda. Assim, surgem muitas vertentes.

Há anos, Rubens Saraceni trouxe todo um conjunto de fundamentos psicografados para a Umbanda, apresentando uma Teologia de Umbanda inspirada pelos mentores de Umbanda. Os espíritos como Pai Benedito de Aruanda e Caboclo de Ogum Megê Sete Espadas sempre se referiam à Umbanda chamando-a de "Umbanda Sagrada"; desta forma, aqueles que estudaram com Rubens Saraceni ou com um de seus discípulos também identificam a religião como "Umbanda Sagrada". Umbanda Sagrada não é uma nova Umbanda, é apenas uma forma de entender, estudar e conhecer os fundamentos da religião.

Assim como existe diversidade na Umbanda, existe diversidade no Budismo, no Cristianismo, no Islã, no Judaísmo e em todas as religiões. Por exemplo, no Budismo é possível identificar o Budismo Chinês, Japonês, Tibetano, o Zen Budismo e outros. No Cristianismo, existem diversas religiões cristãs e hoje se fala até em diferentes Cristianismos por conta dos Evangelhos Apócrifos que propõem diferentes formas de ver e se relacionar com Cristo ou Jesus. Mesmo no Catolicismo, que é uma instituição religiosa politicamente e hierarquicamente centrada em Roma, podemos ver Catolicismo Jesuíta, Mariano, Carismático e outros.

Então, umbandista, não se surpreenda com o fato de existirem muitas Umbandas, pois todas elas juntas são Umbanda, assim como todos os Budismos são o Budismo e todos os Cristianismos são o Cristianismo. Existe uma unidade na Umbanda que está além da diversidade, esta unidade é o que define se uma prática é de Umbanda ou não. A diversidade é válida até o ponto em que não descaracteriza sua unidade. Encontramos, nas palavras de Zélio de Moraes e do Caboclo das Sete Encruzilhadas, a definição mais básica do que vem a ser Umbanda e sua diretriz: "Umbanda é a manifestação do espírito para a prática da caridade", "Vamos aprender com quem sabe mais e ensinar quem sabe menos".

A idealização de um ritual sincrético, a presença do Caboclo e do Preto-Velho, as sessões de atendimento e o trabalho mediúnico por meio da incorporação fazem parte da unidade da religião. Assim como seu perfil caritativo, fortemente influenciado pelo Cristianismo, o culto aos Orixás, e a organização do ritual com Oração, Saudação às Sete Linhas de Umbanda, Defumação, Abertura da Gira e chamada da linha de trabalho que vai atender.

Somos todos umbandistas, não somos espíritas, não somos candomblecistas, não somos católicos; somos umbandistas e não importa se temos maior influência desta ou daquela vertente. Existe uma unidade que nos define como Umbanda, esta é a nossa religião. Tenha orgulho de sua religião. A Umbanda é uma das poucas religiões que é ao mesmo tempo: Religião, Espiritualidade, Magia e Mediunidade. A Umbanda é única, linda, sagrada e divina. Leve a todos a luz da Umbanda e lembre-se: mostre a Umbanda muito mais com seus atos e atitudes do que com as palavras. Viva a Umbanda!

Umbanda ou Umbandas

É nossa responsabilidade, de todos nós umbandistas, falar sobre o assunto e dar o mínimo de orientação a quem procura Umbanda. No passado fomos muito criticados por cada um fazer o que quis dentro, e com a Umbanda. Hoje vemos na "bandeira" da "diversidade umbandista" um pretexto para outros continuarem fazendo o que bem entendem em nome da Umbanda.

Ninguém pode responder o que é certo ou errado no trabalho ou na casa do outro. Ninguém pode querer "ensinar" ou "mostrar" o que é Umbanda a quem já tenha "ideia formada" (ou engessada), mas todos podemos e devemos estudar o mínimo sobre nossa religião. E pesquisando por meio de fatos históricos sobre pessoas reais que deram sua vida pela religião de Umbanda, encontraremos algo comum que permeia a maioria dos trabalhadores sérios, dedicados, abnegados e resignados na "Causa Umbandista".

A começar por Zélio de Moraes e o Caboclo das Sete Encruzilhadas definindo Umbanda como "A Manifestação do Espírito para a prática da Caridade", "Aprender com quem sabe mais, ensinar a quem sabe menos", "Umbanda é Amor e Caridade", "Umbanda é fazer o Bem sem olhar a quem". São conceitos e palavras fundamentais para entender o que é "A" Umbanda, independentemente que quantas "Umbandas" existam. Esta é a unidade, este é o fundamento principal, a base pela qual todo o restante se desdobra.

O ser humano em si é diverso, o que torna toda diversidade natural. Temos diversidades cristãs (católico, batista, metodista, luteranos, anglicanos...), e diversidades católicas (dominicanos, jesuítas, carmelitas, franciscanos, carismáticos...), com a Umbanda não seria diferente.

Unidade é Umbanda, Diversidade são Umbandas. Logo, que se tenha um mínimo de base para identificar o que seja a unidade, "A" Umbanda. Podemos defini-la de forma positiva, afirmando o que é Umbanda, ou, de forma negativa, afirmando o que não é Umbanda.

Quando afirmamos de forma positiva o que é Umbanda, outros afirmam que queremos "codificá-la"; quando afirmamos de forma negativa o que não é Umbanda, outros se sentem agredidos ou excluídos. Muito pouco podemos dizer que possa englobar o todo umbandista. Mas ainda assim não podemos abrir mão desta responsabilidade de falar sobre Umbanda.

Cada um fala de seu ponto de vista e de diferentes pontos de vista, e assim, muitas vezes a mesma Umbanda se revela outra Umbanda, simplesmente por se mostrar de outro ângulo.

Já dizia aquele que para todos nós é Mestre: "Quem tem olhos para ver, veja. Quem tem ouvidos para ouvir, ouça".

Falar sobre Umbanda sempre vai agradar a uns e desagradar a outros; no entanto, esta é uma missão, e falar sobre Umbanda não é para leigos ou deturpadores.

Precisamos nós, umbandistas, começar a falar mais e mais sobre nossa religião, sobre seu encanto e magia, que Umbanda tem de sobra.

<u>Na minha opinião podemos e devemos falar mais sobre "A" Umbanda e discutir menos sobre "AS" Umbandas; afinal, se há uma unidade, este é o foco do que seja Umbanda.</u>

Se quando um guia está em terra ele vem e nos passa uma mensagem do que é "A" Umbanda, é nosso dever repetir suas palavras e levar a todos quantos queiram "UMBANDA".

A diversidade é válida desde que não coloque em risco a unidade, mas qual unidade? Quando que a diversidade coloca esta unidade em risco?

A unidade é Umbanda e encontramos esta partindo de algumas palavras aceitas pela grande maioria, como as palavras do Caboclo das Sete Encruzilhadas citadas anteriormente.

Em 2008, a maioria de nós umbandistas comemorou 100 anos de Religião; logo, temos uma história que deve ser conhecida, no mínimo que se conheça a história do primeiro umbandista, Zélio de Moraes.

Mas ainda estamos a pensar o que seja a unidade, o que é e o que não é Umbanda? Apenas o bom senso pode responder.

Uma coisa é certa, que falo e repito: "Umbanda é Religião e portanto só pode praticar o bem".

Nossas definições para Umbanda são muito mais filosóficas que ritualísticas, pois o que mais importa ao definir Umbanda é apresentar seu ideal.

A Umbanda é muito cristã, um espelho da cultura brasileira. Meu amigo e sacerdote, Claudinei Rodrigues, afirma que a melhor definição sobre Umbanda deve ser: "Umbanda é amar a Deus sobre todas as coisas e ao próximo como a si mesmo".

Na minha opinião é perfeito, pois revela a "regra de ouro" presente em todas as religiões: "Não fazer ao próximo o que não desejo para mim".

Religião é Fé, é a presença do Sagrado, um sentido para a vida, mas é também ética e bom senso para uma vida melhor. Embora esteja tão em falta dentro das próprias religiões seu próprio sentido de ser, podemos e devemos buscar um "caminho do meio" para a Umbanda que queremos.

Com atabaque ou sem atabaque, com palmas ou sem palmas, com este ou aquele ritual é o que menos importa.

Que seja como nas palavras do Caboclo Mirim em seu médium Benjamim Figueiredo: "Umbanda é coisa séria para gente séria", "Umbanda é a Escola da Vida".

Zélio de Moraes também afirmava, e seu bisneto Leonardo Cunha repete: "Umbanda é Amor, Humildade e Caridade. Se um centro de Umbanda cobrar, coloque os dois pés para trás e saia correndo, isso não é Umbanda!".

Umbanda Branca, Preta, Negra, Amarela, Vermelha, Cristã, Afro, Indígena, Mista, Trançada, Esotérica, Iniciática, Cristã?

Não importa.

O que importa é "UMBANDA".

Importa sua unidade, importa definir ou dar um norte a quem procura "UMBANDA".

Pai Benedito de Aruanda, por meio de seu médium Rubens Saraceni, afirma: "Sagrada e Natural é a Umbanda". Todas as religiões e todas as formas de Umbanda o são, no entanto muitas vezes nos esquecemos do principal: "Umbanda é Sagrada".

JUS nº 123 – 08/2010

Obs.: Leia o texto complementar 3, "Umbandas", no Apêndice deste livro.

Umbanda Cristã?

A Umbanda, fundada no dia 15 de novembro de 1908, tem no Caboclo das Sete Encruzilhadas, a entidade que lançou os fundamentos básicos da religião. E logo na primeira manifestação, esta entidade já esclareceu que havia sido, em uma de suas encarnações, o Frei Gabriel de Malagrida e que, posteriormente, nascera como índio no Brasil.

Ao anunciar qual seria o nome do primeiro templo da religião, explicou que se chamaria Tenda Espírita Nossa Senhora da Piedade, porque assim como Maria acolheu Jesus, da mesma forma a Umbanda acolheria seus filhos.

Todo o trabalho e a doutrina passada por meio de Zélio de Moraes é cristã, de forma que podemos crer na Umbanda como uma religião cristã, ou seja, Umbanda Cristã. Assim como é uma constante encontrarmos os Pretos e Pretas-Velhas falando sobre Cristo e se mostrando verdadeiros cristãos, lembrando, inclusive, que eles usam os nomes cristãos que lhes foram dados após um batismo católico, mesmo tendo a opção de manifestarem-se com nomes africanos. No entanto, estamos tratando de entidades que representam o negro no Brasil, presente no sincretismo cultural.

Escrevo estas linhas com a clareza de que nem todos pensam desta forma. Fica aqui meu respeito à forma de cada um entender a Umbanda e a certeza de que apenas estamos fazendo um exercício de entendimento da religião segundo "um ponto de vista cristão", sem a finalidade de convencer ninguém, mas apenas um convite para refletirmos, juntos, Cristo na Umbanda.

Afirmar Umbanda Cristã pode ser apenas mais uma adjetivação; como Umbanda Popular, Esotérica, Iniciática, Branca, Mista, Trançada, Sagrada, etc., ainda assim, não é este o nosso objetivo.

Muitos se sentem confortados em Cristo ao afirmar a cristandade de sua religião, em geral, são ex-kardecistas, que creem no Mestre Supremo, ou ex-católicos, para os quais Jesus é humano e divino.

A relação pessoal de cada um com Cristo e Oxalá varia muito, onde se criam inclusive dogmas e tabus limitados a alguns templos ou grupos, colocando Oxalá no *status* de Olorum (DEUS), inalcançável mediunicamente enquanto Orixá, a fim de emoldurá-lo com o retrato de Jesus (loiro e de olhos azuis).

Quase todos os assuntos doutrinários e teológicos da Umbanda, quando aprofundados, criam polêmicas pelo fato de nos encontrarmos em uma religião nascente, ainda em formação, que em muito lembra o Cristianismo primitivo com suas divergências internas.

Ao mesmo tempo, todos estes assuntos são deliciosos ao umbandista interessado pelos fundamentos da sua e de outras religiões, já que todas as religiões guardam semelhanças, e estudar as demais significa entender melhor a nossa.

Para finalizar esta questão, gostaria de citar a obra *Umbanda Cristã e Brasileira,* do autor Jota Alves de Oliveira (Ediouro, 1985), na qual podemos ler algumas considerações a este respeito:

"A Umbanda com a qual nos identificamos é aquela que tem finalidades elevadas e educativas, onde se recomenda a reforma e a lei de amor ao próximo. Onde se aconselha o perdão e não se atiça o consulente à luta, ao acirramento. Onde já foi substituído o olho por olho, de Moisés, pelo ensino de Jesus: quem com o ferro fere com o ferro será ferido, que corresponde a outro ensinamento: com a mesma medida que medires sereis medidos. De modo que, além do passe e do conselho, ou da corrente de descarga, o adepto ou simpatizante tenha em vista a sua reforma, a sua melhoria, tanto moral-espiritual como material, em sentido de seu aperfeiçoamento". (p. 11)

"A Orientação Doutrinária do evangelizado Espírito do Caboclo das Sete Encruzilhadas nos levou a considerar e historiar seu trabalho enriquecido das lições do evangelho de Jesus, com a legenda: Umbanda Cristã e Brasileira". (p. 13)

No mesmo livro encontramos as palavras do Caboclo das Sete Encruzilhadas, gravadas por Lilia Ribeiro em novembro de 1971, nas quais fica claro a relação de importância cristã da Umbanda propagada por Zélio de Moraes, como vemos abaixo:

"Tenho uma coisa a vos pedir: se Jesus veio ao planeta Terra na humilde manjedoura, não foi por acaso. Assim o Pai determinou. Podia ter procurado a casa de um potentado da época, mas foi escolher aquela que havia de ser a Sua Mãe, esse espírito que viria traçar à humanidade os passos para obter paz, saúde e felicidade.

Que o nascimento de Jesus, a humildade em que ele baixou à Terra, a estrela que iluminou aquele estábulo, sirvam de exemplos, iluminando os vossos espíritos, tirando os escuros de maldade por pensamento, por práticas e ações; que Deus perdoe as maldades que possam ter sido pensadas, para que a paz possa reinar em vossos corações e nos vossos lares"...

JUS nº 105 – 02/2009

Como Compreender a Umbanda?

Em 2008, o Brasil inteiro comemorou os 100 anos da Umbanda, mas nem todos se deram conta do quanto conquistamos com este marco, que pode parecer pouco em comparação à idade cronológica das outras religiões, porém, o que ganhamos não tem nada a ver com tempo, e sim com reconhecimento.

Aos poucos, as pessoas e os próprios umbandistas estão se dando conta de que a Umbanda é uma Religião Brasileira. Com todos os prós e contras que esta identidade oferece. O brasileiro vive uma relação de amor e ódio consigo mesmo (com o que é brasileiro), adoramos nossas qualidades e detestamos nossos defeitos. Somos um povo apaixonado e Umbanda é uma Religião apaixonante, é brasileira, tem ginga, encanto e magia. Umbanda se canta em verso e prosa; se toca no nagô, angola e ijexá; batendo o ritmo na palma da mão, para quem quiser ver. Umbanda dança, gira e roda nas voltas de nosso coração, para nos tirar do eixo de comodismo e mesmice a que a sociedade nos condicionou, com seus dias; protocolos e métodos repetitivos, iguais e mecânicos.

Umbanda cheira guiné, arruda e alecrim; mirra, incenso e benjoim. Umbanda nos pega pelos cinco sentidos e nos leva ao transcendente para além do sexto e sétimo sentidos. Umbanda é a Cachoeira da Oxum, a Mata de Oxóssi, a Pedreira de Xangô, o grito do Caboclo, o cachimbo do Preto-Velho, a presença do Cristo. São

Jorge, Santa Bárbara, Santo Expedito e Padre Cícero nos ensinam que há muito mais que sincretismo entre culturas, há sim o encontro, a presença, o olhar.

Êxtase Religioso, Transe Mediúnico, Estado Alterado de Consciência são palavras para descrever o indescritível, o momento em que passamos do ser ao "não ser", do vazio à plenitude, de Exu a Oxalá, do EU ao Nós, a ponto de não saber mais se eu sou Eu, Nós ou Ele. Louco é pouco, já diziam os mestres que a sanidade do mundo é loucura para o Sagrado e que o Sagrado é a loucura de Deus. Ser médium é muitas vezes andar de olhos fechados num precipício em que a única corda que temos é nossa fé esticada de um lado ao outro entre a terra e o céu, ou melhor, a Aruanda.

E se não bastasse tudo isso, ainda nos traz uma proposta de maturidade religiosa, não pede conversão, não tem tabus nem dogmas, aceita cada um de nós sem julgamentos, jovem que é respeita os mais velhos, diverte-se com as crianças e liberta das amarras sociais, emocionais e psicologias, nas quais a razão quase sempre prepara armadilhas.

Ajoelhada ao lado do Preto-Velho mata nosso ego, junto do Caboclo nos desafia a rasgar o peito e mostrar onde está nosso coração, pelo exemplo, pede que todos nós estejamos abertos a reaprender o que é bom com a Criança.

A Umbanda reza, ora e faz prece aos Santos, Orixás, Anjos, Arcanjos e Guias, sem exclusividade nenhuma. Também não reconhece sectarismos ou proselitismos com relação às divindades, que, assim como o sol, nasce para todos. Espíritos de origens e culturas diversas se unem e integram numa mesma direção, numa mesma BANDA, nesta que quer ser UM com o outro.

E quem vai explicar tudo isso? Como entender e dar sentido para algo tão exuberante, quase exótico, colcha de retalhos ou fina tapeçaria? E da esquerda nos parece vir uma voz firme a responder que somos guardiões destes mistérios, não cabe a nós entendê-los todos, e sim respeitar, bater cabeça e silenciar.

Como compreender a Umbanda? Comece procurando compreender a si mesmo e, quem sabe um dia, ao encontrar respostas para suas questões mais profundas e existenciais, encontre também algumas respostas sobre Umbanda.

A Umbanda, Hoje!

A Umbanda, hoje, é moderna, é contemporânea, é atual. A Umbanda, hoje, tem curso, tem internet, tem facebook e tem instagran. A Umbanda, hoje, tem literatura, tem estudo e tem conhecimento. A Umbanda, hoje, é a mesma Umbanda de ontem. A Umbanda, hoje, é a mesma Umbanda de antes de ontem. A Umbanda, hoje, é a mesma Umbanda de 1970. A Umbanda, hoje, é a mesma Umbanda de 15 de novembro de 1908. A Umbanda, hoje, é a mesma Umbanda de Zélio de Moraes, do Caboclo das Sete Encruzilhadas e da Tenda Espírita Nossa Senhora da Piedade. A Umbanda, hoje, é a mesma Umbanda que foi debatida no Primeiro Congresso Brasileiro do Espiritismo de Umbanda em 1941. A Umbanda, hoje, é a mesma Umbanda que se popularizou na década de 1950. A Umbanda, hoje, é a mesma Umbanda que levou milhões de pessoas à Festa de Iemanjá em 1970. A Umbanda, hoje, é a mesma Umbanda que foi cantada na voz de Clara Nunes, Elis Regina, Martinho da vila e também de J.B. de Carvalho. A Umbanda, hoje, é a mesma Umbanda pé no chão, arruda na mão e vela no altar. A Umbanda, hoje, continua com o cheiro de charuto, o fumacê do turíbulo e o aroma de café. A Umbanda, hoje, é a mesma Umbanda de ontem!

Hoje e ontem, a mesma Umbanda. Mas o mundo não é o mesmo. A vida não é a mesma. Nossa realidade não é a mesma. As expectativas não são as mesmas. A forma como as pessoas vivem e se relacionam não são a mesma de vinte, trinta ou cem anos atrás.

Reconheça, esta Umbanda é a mesma Umbanda. A mesma Umbanda que vem crescendo desde o seu nascimento.

Desapegue-se! Deixe a Umbanda crescer, livre e solta, como deve ser! A Umbanda não o prende, não queira prender a Umbanda! Umbanda é Amor e Liberdade, Amor com liberdade, liberdade com amor! Consciência, nossa doutrina é esta!

P.S.: A Umbanda não precisa evoluir, quem precisa evoluir somos nós umbandistas! A Umbanda já está pronta no astral desde sempre! No entanto, há tanta coisa a ser feita aqui na Terra. Cabe a nós aceitar nossa missão ou não, sem peso, apenas com AMOR! Vamos trabalhar por amor, vamos fazer a caridade por generosidade, vamos estudar para conhecer melhor! Se há algo para se conhecer, se há algo que vale compartilhar e transmitir, então todos os meios são válidos!

Vamos estudar, Umbanda é uma cultura, Umbanda é uma riqueza cultural, Umbanda é junto todas as culturas que deram formação a esta cultura brasileira. E o que você está esperando para mergulhar neste mar cultural? Umbanda é alimento para sua alma! Alimente-se!

Umbanda Não é o que Você Faz, e Sim o que Você é!

A Umbanda anuncia o amor à Natureza, aos Orixás e à vida de forma consciente e, deste modo, ter a identidade umbandista é viver com esta consciência, que anda tão em falta em nossos dias tanto quanto esteve em falta em todos os tempos.

Por tudo isso podemos dizer que Umbanda não é apenas algo que a gente faz ou pratica, Umbanda é algo que a gente é! Nós não fazemos Umbanda, apenas, nós somos Umbanda, nós somos umbandistas!

A rebeldia da adolescência é um momento de iluminação e liberdade, em busca de seu eu mais profundo, na luta a favor e contra todos os rótulos que a sociedade e a família nos imputam. E neste ponto a Umbanda nos parece uma religião adolescente que busca sua maturidade sem perder o brilho, o vigor e a pureza; o que é possível graças às várias linhas de trabalho com seus arquétipos e aos Orixás com seus atributos.

APRENDA A SER UMBANDISTA!

Ser umbandista é amar Olorum acima de todas as coisas!

Ser umbandista é amar a si mesmo como a Olorum!

Ser umbandista é amar ao próximo como a si mesmo!

Ser umbandista é amar a Natureza como morada dos Orixás!

Ser umbandista é reconhecer que Olorum é vida em nossas vidas!

Ser umbandista é reconhecer que amar a vida é amar Olorum!

Ser umbandista é reconhecer que os Orixás nos amam assim como Olorum!

Ser umbandista é reconhecer que Olorum se manifesta por meio dos Orixás!

Ser umbandista é reconhecer que Olorum e os Orixás vivem em nós!

Ser umbandista é ser instrumento de Olorum e dos Orixás!

Ser umbandista é ser amante da verdade!

Ser umbandista é buscar a sua verdade com respeito à verdade do outro!

Ser umbandista é absorver conhecimento em busca da sabedoria!

Ser umbandista é trabalhar para a Lei Maior e a Justiça Divina!

Ser umbandista é ser amigo, amiga, irmão, irmã, pai, mãe, filho, filha de todo ser vivo!

Ser umbandista é ver a diversidade com os mesmos olhos que se vê a unidade!

Ser umbandista é querer a harmonia e a paz em todos os sentidos!

Ser umbandista é praticar a regra de ouro de todas as religiões: "não faça ao outro o que não quer para si"!

Ser umbandista é pregar tolerância, prestar caridade e aprender generosidade!

Ser umbandista é vencer a hipocrisia e o fanatismo que há em nós mesmos!

Ser umbandista é ter pelos encarnados o mesmo respeito que se dedica aos desencarnados!

Ser umbandista é assumir a responsabilidade de seu destino como consequência de seus atos!

Ser umbandista é colocar sentimento, pensamento, palavra e ação na mesma direção!

Ser umbandista é viver com Fé, sem tabus, dogmas ou preconceitos!

Ser umbandista é colocar a ética e o bom senso como regra de doutrina para a vida!

Ser umbandista é ver a imagem e semelhança de Olorum nas virtudes humanas e divinas!

Ser umbandista é ser feliz e crer que nascemos para ser feliz!

Ser umbandista é ter o amor de Olorum e dos Orixás a nos amparar!

Ser umbandista é ter uma imensa família espiritual!

Ser umbandista é aprender a viver melhor com nossos guias, mestres e mentores!

Ser umbandista é apaixonar-se pela Umbanda tanto quanto pela vida!

Ser umbandista é contar com quem nos ama em todas as situações da vida!

Ser umbandista é aprender a ouvir, calar e silenciar quando necessário!

Ser umbandista é aprender a ver nossas dificuldades por meio das dificuldades do outro!

Ser umbandista é descobrir que nossos problemas não são os maiores do mundo!

Ser umbandista é compreender que ajudar ao próximo é ajudar a si mesmo!

Ser umbandista é ver o mundo com outros olhos!

Ser umbandista é ganhar uma consciência mais elevada!

Ser umbandista é descobrir o que é o êxtase religioso!

Ser umbandista é ter um encontro místico com o Sagrado!

Ser umbandista é carregar um brilho inexplicável no olhar!

Ser umbandista é compartilhar do mistério maior!

Ser umbandista é mergulhar nos mistérios do Criador!

Ser umbandista é reconhecer Olorum em todas as religiões!

Ser umbandista é dar de graça o que de graça recebemos!

Ser umbandista é dar a Olorum o que é de Olorum e ao homem o que é do homem!

Ser umbandista é ser justo e perfeito em sua honestidade, com si mesmo e com o outro!

Ser umbandista é dividir e multiplicar o sustento e manutenção do templo!

Ser umbandista é compartilhar com a comunidade a alegria de ser umbandista!

Ser umbandista é mostrar para a sociedade o orgulho de ser umbandista!

Ser umbandista é para os fortes, forte de coração!

Ser umbandista é viver com liberdade!

 E, se ainda não temos todas estas qualidades bem lapidadas em nosso ser, que seja o nosso ideal!

Nosso ideal de aprendizado e crescimento! Eu estou ainda aprendendo, longe da perfeição, e você?

Texto adaptado do original: "Cuidado! O Senhor Não Deve Ser Maçom", publicado em *A Voz do Vale do Rio Grande*, Paulo de Faria, SP, em 04 de janeiro de 1976 e de autor desconhecido.

Obs.: A primeira vez que eu publiquei este texto foi com o título: "**Cuidado, você não deve ser umbandista**" e concluía o texto com a afirmação: "**Se você não reúne estas qualidades, afaste-se da Umbanda**". Publicado na edição de número 40, agosto de 2003, no *Jornal de Umbanda* Sagrada. Já faz mais de dez anos que eu havia escrito este texto e hoje não concordo mais com estas afirmações: "**Cuidado, você não deve ser umbandista**" e "**Se você não reúne estas qualidades, afaste-se da Umbanda**". Se fosse seguir estas afirmações à risca, a Umbanda se esvaziaria, a começar por mim, que não sou perfeito nem um iluminado. Como eu mesmo não tenho todas estas qualidades de forma perfeita, seria uma hipocrisia manter este título e conclusão. Estou aprendendo e espero continuar aprendendo. Quem me ama me aceita como eu sou, mesmo com tantos defeitos, vícios e dificuldades. Assim, com todas as minhas limitações, sou acolhido na Umbanda e, com aqueles que nos amam, conseguimos fazer um trabalho que nos faz muito bem. Vivemos aqui com nossos guias como parentes da espiritualidade que nos amam de forma incondicional e com eles vamos melhorando nossa condição humana. Grato a todos que me acompanham! Desculpem-me por textos como este que, no passado, revelavam tanto a vontade de levar a Umbanda aos quatro cantos do mundo, como também a imaturidade em lidar com algumas questões. Estou aprendendo!

Republicamos o texto com alterações no JUS nº 166 – março de 2014. E agora, abril de 2014, acabo de fazer mais alterações. E só agora, que o texto já está quase descaracterizado da fonte original, é que começa a refletir mais e melhor o que bate neste coração umbandista. Creio que este texto um dia vai virar um livro de tantas coisas que podemos escrever e refletir sobre o tema.

JUS nº 166 – 03/2014

Eu Sou Umbandista!

A identidade de "umbandista" na maioria das vezes é algo que deve ser criado, por meio de cultura, informação e fundamentação da fé religiosa na Umbanda. Se o praticante, adepto ou frequentador não se sentir "umbandista", não irá criar para si esta identidade. Com relação à identidade religiosa, aqui no Brasil, existe outra dificuldade a ser vencida: a Igreja Católica criou a identidade de "católico" mesmo para quem não frequenta e não acredita em seus dogmas. Por meio do batismo, mesmo as pessoas que nunca foram católicas de fato (praticantes e crentes de seus dogmas) assumem e mantêm esta identidade. Esta questão é chamada de questão da "pertença religiosa", ou seja, a quem pertence a sua fé? Para a Igreja Católica é importante ter um grande número de adeptos, pessoas que se dizem católicas entre a massa da população. Afinal, esta é uma forma de manter seu *status* e poder diante do Estado e da Sociedade. Por isso, ao longo dos séculos a Igreja criou uma filosofia do medo com relação ao batismo, à identidade e à pertença religiosa. Criou a ideia de que os pagãos, os não batizados e os hereges estão condenados ao inferno e que mesmo uma criança, doce e pura, está condenada ao purgatório se não for batizada. Desde criança muitos foram batizados e convencidos de que são católicos apostólicos romanos, mesmo sem que se tenha a menor ideia do que isto quer dizer. No entanto, quando alguém lhe pergunta a sua religião, estão prontos a "testemunhar" sua identidade e pertença católica, somando inconscientemente e de forma autômata ao bolo desta massa de manobra que se faz conduzir como uma boiada ao tilintar do sino de uns aos outros num transe conduzido pelo poder da mídia e da ilusão em que todos estão imersos. Este sim é o ópio do povo do qual Marx falava quando se referia à religião. Ele estava denunciando um sistema viciado e manipulado por quem domina o poder. O mesmo domínio demonstrado por Charles Chaplin em seu memorável filme "Tempos Modernos", em que o trabalhador é um alienado do todo e escravo de um sistema. Saímos do mundo moderno que criou a indústria e formas diferentes de alienação, vivemos em um mundo de novas alienações que já havia sido anunciado por George Orwell em *1984* e Aldous Huxley em *Admirável Mundo Novo*.[6] Neste mundo pós-moderno continuamos a viver sem consciência.

E assim vemos milhares ou milhões de pessoas que acreditam na Umbanda, frequentam a Umbanda, têm sua verdade na Umbanda, encontraram seus valores na Umbanda e ainda carregam um rótulo de católico, por puro automatismo, como um vício. Afinal, este é um rótulo de comodidade; ao se afirmar católico, evita-se qualquer conversa sobre religião, não há mais nada a ser dito. Caso alguém queira questionar, encerra-se o assunto dizendo que é católico não praticante e que inclusive é "um pouco" espiritualista ou esotérico. Suas crenças, valores e verdade são superficiais. Falta profundidade para assumir uma identidade, seja ela qual for.

Para afirmar uma identidade umbandista é preciso ter esta profundidade, é preciso, ao menos, saber explicar o que é Umbanda. É preciso estar pronto para as reações mais preconceituosas, é preciso ter sua fé fundamentada, é preciso estar seguro do que é a Umbanda. Para afirmar esta identidade é preciso mais que apenas frequentar, é preciso conhecer. A Umbanda não deve vir como um rótulo. Muitos procuram a Umbanda e querem logo se batizar para trocar de rótulo e, quando lhe perguntam sua religião, dizem: sou umbandista, batizado e confirmado!

---

6. *1984* e *Admirável Mundo Novo* são livros que descreviam um futuro de pessoas autômatas e manipuladas por um poder absoluto. Esses livros se tornaram filmes e podem ser vistos na internet, o que vale a pena para uma reflexão. Assim como vale rever "Tempos Modernos", de Charles Chaplim, com relação à era da indústria e a alienação do povo.

Seja sim umbandista, mas não carregue isso como um novo rótulo, seja umbandista por amor, consciência e conhecimento de causa. Seja umbandista por reconhecer sua verdade na Umbanda, seja umbandista por crer na Umbanda, seja umbandista por viver a Umbanda de corpo, alma e coração.

Quando isto acontecer de fato, então, encha o peito de ar e diga com todas as letras de forma bem aberta e clara, com orgulho: EU SOU UMBANDISTA!!!

JUS nº 165 – 02/2014

Sou Umbandista, Apenas Umbanda! Esta é a Minha Verdade!

Não vemos católicos que são judeus, não vemos muçulmanos pentecostais, não vemos budistas jainistas. No entanto, vemos umbandistas que são candomblecistas, umbandistas católicos, umbandistas espíritas, umbandistas evangélicos, etc. Muito curioso, praticar duas religiões que tenham fundamentos totalmente diversos.

Sou umbandista, apenas umbandista, pois a Umbanda me basta em todos os sentidos e expectativas.

Pertencer a uma religião é ter seus valores como valores de sentido para nossa vida. Viver com valores dissonantes é ter uma vida com caminhos dissonantes. Cada religião tem uma egrégora de energia própria. Nem sempre as egrégoras se complementam, muitas vezes se chocam, por conta de seus valores e convicções diversos.

Pertencer a muitas religiões não é como fazer muitos cursos e pendurar seus diplomas na parede. Cada religião chama, e algumas exigem, que seu adepto assuma seus valores em um caráter confessional, ou seja, confissão de fé, aceitação de que ali está a sua verdade. Fica a pergunta: onde está a sua verdade, onde está seu coração?

Pertencer a muitas religiões pode criar uma hipocrisia religiosa, quando num dia da semana você nega os valores que prega no outro dia da semana. Múltipla pertença religiosa tem sido usado como rótulo para dizer que é mais descolado, mais espiritualizado. O que não corresponde à verdade. O mais espiritualizado é aquele que vai mais fundo dentro de si mesmo para vencer suas dores e dificuldades e logo se torna um bem para todos, por se tornar alguém melhor, mais bacana, mais agradável.

Usamos palavras como humildade, paciência e desprendimento para rotular quem é mais espiritualizado. Assim, os interessados em serem mais espiritualizados vão forjando uma imagem de si mesmos, forjando uma máscara social de mocinhos e mocinhas da luz. Este é o "ego espiritualizado", uma hipocrisia espiritual.

Ser espiritualizado é ser você mesmo antes de tudo e tomar consciência da vida material, espiritual, mental e emocional, tudo junto. Mesmo porque, querer ser espiritual, negando o corpo e a mente, é um erro cometido por religiões repressoras que prometem o céu a quem se nega tudo o que existe no mundo.

Mesmo nos dedicando muito a uma única religião, ainda assim não é fácil ter um aprofundamento dela em nossa alma e em nosso espírito. O que dirá praticando muitas. Não se consegue ter profundidade em nenhuma, fica sendo algo superficial. Enchemo-nos de coisas e elementos externos para tentar tapar um buraco existencial, nossos medos e fraquezas.

Existem muitas religiões, porque existem muitas formas diferentes de entrar em contato com o sagrado, com o divino, e cada grupo de pessoas se identifica de uma forma, ou cria uma nova forma de sentir e expressar sua espiritualidade.

A Umbanda, por se tratar de uma religião nova, que nasceu no mundo moderno e se desenvolve no mundo pós-moderno e contemporâneo, é muito moderna, inovadora, aberta, evolucionista e inclusiva. A Umbanda nos oferece uma quantidade infinita e inesgotável de recursos. A incorporação e o passe mediúnico são apenas dois dos inesgotáveis recursos da religião.

O fato é que subestimamos a Umbanda, e muitos, na primeira dificuldade, procuram outra religião ou o sacerdote de outra religião para orientá-los, e este vai lhe cuidar segundo os fundamentos de outra religião. O correto seria ter paciência e confiar em seus guias de Umbanda. Aprofundar-se e buscar respostas no lugar onde mora a sua verdade. Descobrir que a Umbanda tem fundamentos e recursos que vão se abrindo e se apresentando de acordo com nossas necessidades. Ao longo de muitos anos, vários recursos vão se abrindo dentro da religião, muitos mistérios se descortinam, mas primeiro é preciso aprender o básico:

    O que é Umbanda?
    Qual é a minha religião?
    Quais seus fundamentos básicos?
    Qual o porquê de cada gesto ritual, de sua liturgia?
    Qual é a sua magia, por que tantos elementos?

Dentro da Umbanda existe um ambiente mais interno de iniciações na força dos Orixás, existe uma apresentação formal de muitas linhas de trabalho (Caboclos, Pretos-Velhos, etc.) que se apresentam a quem queira se aprofundar no conhecimento sacerdotal. Por isso e muito mais, estudamos Teologia de Umbanda Sagrada e Sacerdócio de Umbanda Sagrada, porque queremos mais, muito mais, da NOSSA RELIGIÃO, da religião de UMBANDA.

Queremos muito, mas muito mais mesmo, que apenas ir ao terreiro uma vez por semana "fazer nossa obrigação", ou "fazer a caridade". Tudo rotulado, bonitinho, mecanicamente autômato. Estamos e continuamos comprando um pedaço do céu, agora chamado Aruanda.

Muitos continuam católicos, no inconsciente, continuam espíritas, continuam com velhos paradigmas, e perdem a oportunidade de ir mais fundo na Umbanda. Estão presos na margem, na superfície, no raso. Vamos fundo na Umbanda, com a Umbanda e para a Umbanda.

EU SOU... UMBANDISTA, ALEXANDRE CUMINO.

JUS nº 151 – 12/2012

Umbandista Sim, Fanático Não!

Fanus vem do grego e quer dizer templo. O fanático é aquele que "trocou" Deus pelo templo. A adoração dele já não é para Deus, e sim para "coisas" do Templo em si. É a pessoa apegada ao meio e não ao fim pelo qual este meio busca alcançar.

Ele se prende entre procedimentos rituais, dogmas e tabus. O fanático, além de não pensar em outra coisa, senão no "Templo" com suas "regras", também crê que sua religião é melhor que as outras.

O fanático quer converter a todos e salvar o mundo com sua religião, a única que tem condições para isto. O fanatismo é um vício no campo da Fé.

O Templo é algo que faz parte da religião, mas não é a religião.

No Templo se criam dogmas e tabus, na religião de Umbanda não, pois não está instituída, não responde a uma instituição. O que dá uma grande liberdade a seus praticantes que devem seguir, sim, a ética e o bom senso, pois esta sim é a Lei da Umbanda.

Seja livre, a Umbanda é livre, tanto que é quase uma "não religião" ou uma "antirreligião". Muitos são católicos e frequentam a Umbanda, muitos são espíritas e praticam a Umbanda, outros são de nação e trabalham na Umbanda...

Podemos ser umbandistas e frequentar outras religiões e cultos; a Umbanda reconhece todos os caminhos que levam a Deus.

Umbanda é mais do que uma religião, é uma forma de pensar e viver.

Para mim, "Umbanda é Universalismo prático". Ser umbandista é ter o pé no chão e a cabeça aberta a tudo.

Religião não é um conjunto de regras, práticas, dogmas e tabus... religião é uma experiência concreta com o Sagrado, religião é o ato de se religar a Deus. Religião é algo ligado ao sentir; o que se busca na religião transcende o intelecto.

O pensar é algo bom, intelectualizar nem sempre é bom; muita coisa foi feita para sentir e não para se entender.

Quando encontrar Deus nas outras religiões e muito mais do que isso, quando encontrá-lo nas pessoas com quem convive, independentemente de sua crença, quando encontrá-lo dentro de você, então estará encontrando a Umbanda.

JUS nº 142 – 03/2012 e JUS nº 86 – 07/2007

Outro Mundo é Possível?

As sociedades mais antigas nos ensinavam a ter um olhar de encanto para com o desconhecido.

Todas as mitologias nos apresentam o Sagrado de duas formas: "mistério fascinante" e "mistério tremendo".

Os deuses encantam e fascinam, pois sua manifestação está em toda a parte, além de nosso controle, em toda a Natureza. Eles habitam outro mundo e, deste mundo, controlam nossas vidas, ocupando-se de nossos destinos. Desta forma, as pessoas mais afortunadas, como reis e heróis, passam a ser considerados filhos dos deuses. Como Hércules, o filho de Zeus, ou ainda Akenaton, filho de Aton.

Na cultura nórdica, Odin recebia pessoalmente os guerreiros desencarnados para um banquete em sua morada celestial. Com o fim das culturas mitológicas imperou o pensamento racional filosófico, em que o "outro mundo" é explicado por meio da Teologia e da Metafísica.

Porém, não nos esqueçamos que os pais da cultura ocidental são os filósofos gregos, que valorizaram o ser humano, e de certa forma, plantaram a semente do desencanto religioso, tão nítida nos dias atuais.

Sócrates, quatro séculos antes de Cristo, no leito de morte, explica a seus discípulos que a alma é imortal e reencarnante. Seu discípulo Platão dedicou parte de sua vida ensinando a existência de um mundo perfeito, o mundo das ideias, do qual este mundo é apenas uma cópia.

Santo Agostinho bebeu da obra platônica para descrever sua Cidade de Deus e fundamentar a ideia de um Céu Católico em oposição ao Inferno, para onde iriam os não católicos.

Allan Kardec também "criou" o seu céu e o seu inferno no mundo astral superior e inferior, onde todos vão se encontrar por afinidade, reciclando algumas das ideias de Platão e Sócrates.

Ainda hoje continuamos nos perguntando se há outro mundo possível e como será esse outro mundo.

O que é real e o que é ilusório nesta vida? Sócrates procurava a Verdade.

Cristo silenciou quando Pilatos lhe perguntou qual era a Verdade. Ao ser questionado sobre o fato de ser um Rei, afirmou que seu reino não era deste mundo.

Seria o outro mundo um outro lugar físico, ou este lugar aqui mesmo com outros valores?

Quando as caravelas de Cabral aportaram na América, os índios pensaram que se tratavam de deuses, pois apenas deuses poderiam vir de outro mundo.

Eles estavam certos em uma coisa: eles realmente vinham de outro mundo, pois, naquela época, outro continente era outro mundo. Os índios não conheciam os conceitos de pecado da cultura judaico-cristã. Seria este mundo (a América) o paraíso perdido de Adão e Eva?

Alguns se perguntam se há "outros mundos", outros questionam se há vida em outros planetas, se há vida em outras dimensões ou realidades, e ainda outros se há vida além da vida.

Quem sabe onde está um outro mundo? Outro mundo é possível? Onde?

Devemos construir outro mundo?

Ou será que, quando começarmos a nos esforçar, estaremos competindo uns com os outros e logo estragando todos os planos de um mundo melhor.

Afinal, o mundo das disputas não pode ser mesmo um mundo melhor...

Qual é a postura que o ser humano tem assumido para si e para os outros?

O que fizemos deste mundo está relacionado com nossa natureza ou com nossa cultura? Até onde somos um produto do meio em que vivemos? Até onde a sociedade determina nosso destino?

Como interpretar o livre-arbítrio, quando somos tão fortemente influenciados e persuadidos a seguir um modelo? Até onde as religiões e filosofias nos despertam para outro mundo?

Até onde a busca por outro mundo pode ser uma alienação de nossa realidade? Até onde as religiões nos alienam?

A Umbanda é uma religião em formação, logo temos uma oportunidade única de trazer estes questionamentos para nosso dia a dia. Vamos aproveitar tudo o que há de bom como herança de todas as culturas. Mas, vamos jogar limpo com as pessoas, sem enganar, sem iludir, sem criar novos tabus. Sem promessas de céu ou inferno, sem assustar, fascinar ou criar dependências.

A Umbanda tem a oportunidade única de nos mostrar um caminho de liberdade e responsabilidade. Outro mundo só é possível quando nos tornarmos outras pessoas e não importa onde estivermos. Encarnados ou desencarnados, outro mundo nunca será outro lugar físico, outro mundo só pode ser outro estado de consciência. Durante a história da humanidade conhecemos pessoas que, estando aqui neste mundo físico, se mostraram pertencer a outro mundo, como Cristo, Krishna, Ramakrishna, Madre Tereza, Zélio de Moraes, Chico Xavier, São Francisco, entre outros.

Eles são a prova viva de que outro mundo é possível!

JUS nº 110 – 07/2009

Coragem, Orgulho e Ego

Ser umbandista é um ato de coragem ou não, pois muitos, por covardia, negam que praticam ou frequentam a Umbanda. Assumir-se umbandista com orgulho é quase um ato de rebeldia. Então, quando estudamos a história das religiões, descobrimos que os maiores avatares e iluminados foram rebeldes e corajosos como Jesus Cristo, Mohamed, Moisés, Abraão, Buda, Sidarta Gautama, Shankara, Ramakrishna, Gandhi, Osho e outros líderes espirituais.

Ter uma proposta real de crescimento espiritual implica comprometimento, e quantos estão realmente comprometidos com o crescimento espiritual de si mesmos?

Fazer a caridade pura e simplesmente não implica ser uma pessoa melhor, pois, para se tornar melhor, é preciso o autoconhecimento.

Podemos até dizer que muitos fazem a caridade por desencargo de consciência e outros ainda a fazem por vaidade. A partir do momento que se diz que a melhor pessoa é a que faz mais caridade, muitos passam a fazê-la para ser melhor que os outros, e assim tornam-se objetos do Ego e da Vaidade. Qualquer movimento no sentido de ser melhor do que os outros é um movimento do ego. O único crescimento está em ser melhor do que eu mesmo. Isto implica uma análise profunda de autoconhecimento.

Se podemos aprender com todos, também podemos aprender de todas as doutrinas, filosofias e religiões. Só não podemos perder o propósito de aprender, de sermos melhores. Fazer o Bem e não fazer o mal é algo muito simples. Devemos aproveitar a religião para um propósito maior, como nos autoconhecer.

No nosso modelo de trabalho espiritual é possível ser um bom médium, que tem um dom de incorporação bem apurado, dar boas comunicações e, no entanto, ser um ser humano desequilibrado.

Parece-me que temos supervalorizado o dom em detrimento do ser humano que somos, não nos interessa se tal pessoa é boa ou não; para trabalhar na Umbanda só interessa se é bom médium.

Assim, nós, os umbandistas, nos acomodamos na posição de ir ao terreiro incorporar os guias para trabalhar e voltar para casa; dessa forma não precisamos ter nenhum comprometimento com nosso crescimento interior.

A maioria das pessoas acredita que ter crescimento interior consiste em ler alguns livros e fazer alguns cursos. O crescimento começa com o identificar dos nossos defeitos e procurar caminhos para corrigi-los. Quanto mais comprometidos e sinceros, mais vamos identificá-los e lutar por uma transformação interior.

Esquecemos ou ninguém nos ensinou que céu não existe fora de nós. Não adianta fazer toneladas de caridade; se estivermos desequilibrados internamente não alcançaremos um lugar bom.

Sendo tempo e espaço uma ilusão comprovada pela física, o único lugar que podemos ir é para dentro de nós mesmos, e o único tempo real é agora. Logo, caridade não leva a lugar nenhum se antes você não for a esse lugar internamente. A caridade também deve ser uma consequência e não o objeto ou a senha para entrar no céu.

Tenho Orgulho de Ser Umbandista!

A Umbanda em mim não é um terreiro, é minha religião e uma forma de ver a vida, além de uma prática espiritual.

Ensino a todos que, primeiro, temos de ajudar a nós mesmos e depois os outros, pois se não estiver bem comigo mesmo como vou ajudar aos outros? Acredito inclusive que meus guias ajudam primeiro a mim e depois aos que os procuram através de mim. Ajudar a mim mesmo neste momento diz respeito a me conhecer melhor; ajudar aos outros significa ajudá-los a se conhecer melhor.

O propósito maior da religião deve ser de criar condições para a pessoa ter uma experiência com Deus, não apenas estudar regras e doutrinas.

Lembro-me de uma historinha de um Mestre Hindu que afirmava que, graças a religião, tinha perdido tudo:

Perdido seu Ego, sua vaidade, seus apegos, sua ira, sua inveja e outros...

Pois bem, ainda não perdi tudo isso; tenho ainda muita coisa a perder, mas é fato que a Umbanda me ajudou e muito a ser mais humilde, mesmo porque, se não sou mais humilde, eu finjo bem. Truque do ego ou não, eu me sinto uma pessoa melhor e é isso que importa.

JUS nº 91 – 12/2007

Isto não é Umbanda

Muitas vezes, quem chega em um templo de Umbanda pela primeira vez vem cheio de receio, cheio de medo, temeroso de que esteja fazendo algo errado, ou que alguém naquele ambiente possa prejudicá-lo. As pessoas ouvem as histórias mais absurdas sobre a Umbanda, e não é por acaso, eu também já ouvi histórias absurdas de casos acontecidos dentro de um local que se identifica como terreiro de Umbanda. São histórias de abuso, de assédio, de constrangimento, de exposição ao ridículo, de calúnia, difamação, mentiras, fofocas, inveja, e toda sorte de ego, vaidade e outros desequilíbrios que assolam o ser humano. Não poucas vezes ouvimos casos de dirigentes que usam do templo, de um suposto trabalho espiritual, para se aproveitar das pessoas que chegam pedindo ajuda, socorro, amparo espiritual e cura. Por conhecer muita gente, receber muita gente, acabo ouvindo muita coisa. Já ouvi até histórias de estelionato, e não foram uma, nem duas e, sim, muitas. É muito triste, quase que semanalmente, ouvirmos novas histórias de pessoas que procuraram um Templo de Umbanda e foram mal recebidas, mal tratadas e até prejudicadas.

Para todos os casos de abuso, assédio, estelionato e outros crimes, eu recomendo sempre que procure a polícia para fazer um Boletim de Ocorrência, para registrar o crime e, se for o caso, tomar as providências cabíveis.

Muitas vezes, as pessoas são coagidas a se manterem frequentando um certo local dito religioso com a ameaçada de que, se sair daquele local, tudo de ruim vai acontecer em sua vida. E algumas vezes os médiuns de uma corrente assistem aquele que deveria ser seu Pai ou sua Mãe Espiritual falando mal de quem pediu para se afastar dos trabalhos espirituais e, quando não, todos testemunham o infeliz ou a infeliz fazer trabalhos negativos para prejudicar aqueles que apenas escolheram não fazer parte de sua corrente mediúnica. **Isto não é Umbanda!**

Essas pessoas, que foram prejudicadas, saem falando mal de tudo isso e com razão! A única coisa que nos entristece é que tudo isso em nada tem a ver com a Umbanda e, sim, com o despreparo de algumas pessoas que estão em nosso meio, e não são poucas.

Sofremos muitos tipos de discriminação, como, por exemplo, das novas religiões que pregam serem as únicas eleitas e que nós trabalhamos com demônios. Mas o pior preconceito é daquele que passou por um local que lhe prejudicou, usando o nome da Umbanda. Pessoas que se apaixonaram pelo Preto-Velho, que se encantaram com a Criança, que se fortaleceram com o Caboclo e que, no mesmo lugar onde conheceram essas entidades, foram prejudicadas pelo desequilíbrio de um dirigente que deveria estar ali para ajudar e orientar. **Como explicar que isto não é Umbanda?**

Isto se torna um trauma na vida da pessoa e aqui vale a afirmação que diz: "**Gato escaldado tem medo de água fria**". É assim para todos nós. São milhares de mães, pais, maridos e mulheres que temem pela integridade de seus parentes e amigos quando ouvem que eles estão frequentando a Umbanda. Temem que eles passem pela mesma dor, que eles sintam o mesmo medo e que vivam com esta marca ou esta "vergonha" de ter participado de algo que não era bom e não fazia o bem. **E que foram, sim, enganados com relação à Umbanda!**

Existe, sim, muito umbandista, ou melhor, pessoas que se dizem umbandistas e que usam da Umbanda para SATISFAZEREM SEUS DESEQUILÍBRIOS. **Isto não é Umbanda!** É muito triste, porque, em torno, sempre tem muita gente bem intencionada, gente que gosta da Umbanda, gente que quer fazer algo pelo próximo, gente que está ali acreditando na caridade, gente que está sendo enganada! **Isto não é Umbanda!**

Se você frequenta um local desses, não tenha medo, se afaste! Se for preciso, dê uma desculpa e suma! Tem medo? Então não desista da Umbanda, a Umbanda não tem culpa desses desequilíbrios e desses despreparos!

Umbanda é religião e faz única e exclusivamente o BEM! Umbanda não é para o nosso ego nem para a nossa vaidade! Umbanda é para destruir nosso ego, nossa vaidade e nos ajudar a nos reequilibrarmos na vida!

Procure outro templo de Umbanda onde você seja bem acolhido ou bem acolhida! Procure um templo onde exista AMOR! **Procure um templo onde as pessoas se respeitam**! Procure um templo onde o encontro espiritual seja mais importante que o encontro social! Encontre um templo que ensine, que estude, que esclareça, que ampare, que oriente, que ajude, que não espere nada em troca, além de seu respeito pelo que é sagrado! **Isto é Umbanda!** A Umbanda é Sagrada! A Umbanda é Religião e Espiritualidade! A Umbanda é Fé e Caridade! A Umbanda é Amor e Alegria! A Umbanda é Conhecimento e Sabedoria! A Umbanda é Justiça e Equilíbrio! A Umbanda é Lei e Ordem! A Umbanda é Evolução e Crescimento! A Umbanda é Vida para nossas Vidas! **Isto é Umbanda! Procure e você encontrará!**

Apêndice 1

Definições para Umbanda

Vejamos abaixo algumas das definições que foram dadas à Umbanda ao longo de mais de um século de práticas, começando por seu fundador Zélio de Moraes:

"**Umbanda é a manifestação do espírito para a prática da caridade.**"
Caboclo das Sete Encruzilhadas/Zélio de Moraes – 15/11/1908

"**Umbanda é Amor e Caridade.**"
Mãe Zilméia de Moraes

"**Umbanda é a Escola da Vida.**"
"**Umbanda é coisa séria, para gente séria.**"
Caboclo Mirim/Benjamim Figueiredo – Tenda Mirim, 1924

"O objetivo da Linha Branca de Umbanda e Demanda é a prática da caridade, libertando de obsessões, curando as moléstias de origem ou ligação espiritual, desmanchando os trabalhos da Magia Negra, e preparando um ambiente favorável a operosidade de seus adeptos."

Leal de Souza, O Espiritismo, a Magia e
as Sete Linhas de Umbanda, *1933*

"Umbanda é Religião Afro-indo-católico-espírita-ocultista."
Arthur Ramos, O Negro Brasileiro, *1934*

"Umbanda é, demonstradamente, uma das maiores correntes do
pensamento humano existentes na terra há
mais de cem séculos, cuja raiz se perde na profundidade
insondável das mais antigas filosofias."

"Umbanda é ao mesmo tempo Religião, Ciência e Filosofia."
Diamantino Coelho Fernandes, Primeiro Congresso Brasileiro do
Espiritismo de Umbanda, 1941.

"Umbanda é um ritual.
Sua finalidade é o estudo e consequentemente
a prática da magia."
Dr. Baptista de Oliveira, Primeiro Congresso Brasileiro do Espiritismo
de Umbanda, 1941.

"Umbanda é espiritismo prático, é Magia Branca, é sessão de
espiritismo realizada em mesa ou terreiro,
para a prática do bem."
Lourenço Braga, Umbanda e Quimbanda, *1942*

"Umbanda – sincretismo de todas as religiões do planeta."
Capitão José Álvares Pessoa, O Culto de Umbanda em
Face da Lei, *1944.*

"A UMBANDA é hoje uma religião nacional,
bem nossa, bem brasileira."
Emanuel Zespo, O que é a Umbanda?, *1946.*

"A Umbanda é uma 'Lei', que engloba todos os cultos de origem africana e, atualmente, também os de origem ameríndia."
Oliveira Magno, A Umbanda Esotérica e Iniciática, *1950.*

"A Umbanda é a Luz Divina, é a Força, é a Fé, ou melhor: é a própria vida."
Aluízio Fontenele, EXU, *1952.*

"Sem cogitar da etimologia do vocábulo, podemos considerar a Umbanda como a ação organizada contra o erro e a maldade sob todos os seus aspectos, o da magia negra inclusive."
João Severino Ramos, Umbanda e seus Cânticos, *1953.*

"Umbanda é uma seita, professada dentro dos cultos afro-brasileiros e dentro dela existem várias nações, como: Omolocô, Keto, Nagô, Cambinda, Angola e outras mais."
Tata Tancredo da Silva Pinto, O Eró da Umbanda, *S.D.*

"Umbanda é a banda espiritual que DEUS deu de sua banda ao homem para o esclarecimento do seu espírito na verdade que é a luz e na fé que deu início à religião."
Maria Toledo Palmer/Espírito de Francisco Eusébio – Chico Feiticeiro, A Nova Lei Espírita Jesus e a Chave de Umbanda, *1953*

"Umbanda é Evangelho e Magia. Luz que escapa às limitações. Vibração que percorre os espaços e vence os milênios. Escola magnífica da Ciência Secreta!"
Paulo Gomes de Oliveira, Umbanda Sagrada e Divina, *1953*

"Umbanda é a Religião ensinada pelos Pretos-Velhos e Caboclos de Aruanda."
AB'D 'Ruanda, Lex Umbanda: Catecismo de Umbanda, *1954*

"Sincretismo nacional afro-aborígene, espírita cristão."
Jamil Rachid, Estatuto da União de Tendas, *1955*

"A Umbanda é um culto espírita brasileiro, com ritual afro-ameríndio, enriquecido com alguma liturgia católica."
Cavalcanti Bandeira, O que é a Umbanda, *1961*

"A Umbanda é um culto espírita ritmado e ritualizado."
Fabico de Orunmilá, citado por Cavalcanti Bandeira na obra O que é a Umbanda, *1961.*

"A Umbanda tem sua origem na 'magia', ou seja: religião dos magos, ciência superior, sabedoria adquirida em conhecimento e experiências práticas, sensação de harmonia, fascinação, encanto, etc."
Átila Nunes Filho, Umbanda: Religião-desafio, *1969*

"Umbanda é luz que ilumina os fracos e confunde os poderosos, os maus."
Decelso, Umbanda de Caboclos, *1972*

"A Umbanda, tanto quanto o Espiritismo, é uma ciência de experimentação e passível de evolução em grau que se não pode limitar."
Primado de Umbanda, Glossário, *S.D.*

"Umbanda é uma religião espírita, ritmada, ritualizada, euro-afro-brasileira."
Ronaldo Linares, Iniciação à Umbanda, *S.D.*

"Umbanda é o Ritual do Culto à Natureza."
"Umbanda é o sinônimo de prática religiosa e magística caritativa."
Rubens Saraceni, Umbanda Sagrada, *2001, e* Doutrina e Teologia de Umbanda Sagrada, *2003*

"Umbanda é uma poderosa pajelança urbana."
Edmundo Pellizari, Jornal de Umbanda Sagrada, *2009*

"Forma cultural originada da assimilação de elementos religiosos afro-brasileiros pelo espiritismo brasileiro urbano; magia branca."
Aurélio Buarque de Holanda, Novo Dicionário Aurélio, *1986*

"Se o Espiritismo é crença à procura de uma instituição, a Umbanda é aspiração religiosa em busca de uma forma."
Cândido Procópio Ferreira de Camargo, Kardecismo e Umbanda, *1961*

"Interpretei a Umbanda como uma religião heterodoxa..."
Diana Brown, Umbanda e Política, *1985*

"Umbanda é, sobretudo, multiforme, um sistema religioso estruturalmente aberto."
Lísias Nogueira Negrão e Maria Helena Villas Boas Concone, Umbanda e Política, *1985.*

"Tentar caracterizar a Umbanda é um trabalho ingrato, escorregadio e difícil. Na verdade qualquer tentativa de caracterização absoluta está fadada, de antemão, ao insucesso."
Maria Helena Villas Boas Concone, Umbanda: uma religião Brasileira, *1987*

"A Umbanda é a religião nacional do Brasil."
Segundo Congresso Brasileiro de Umbanda, 1961

"A Umbanda é uma religião profundamente ecológica. Devolve ao ser humano o sentido da reverência face as energias cósmicas. Renuncia aos sacrifícios de animais para restringir-se somente às flores e à luz, realidades sutis e espirituais."
Leonardo Boff, O Encanto dos Orixás, *2009*

> "Umbanda é amor, humildade e caridade."
> "Se um centro de Umbanda cobrar,
> coloque os dois pés para trás e saia correndo,
> isso não é Umbanda!"
> *Leonardo Cunha dos Santos, bisneto de Zélio de Moraes, Documentário "Saravá – 100 anos de Umbanda", 2009*

> "Umbanda é fazer o bem sem olhar a quem."
> *Caboclo das Sete Encruzilhadas/Zélio de Moraes*

Definir Umbanda é definir algo vivo e em movimento, é como querer definir o que é o "ser" em toda a sua complexidade. Definir Umbanda é como querer segurar a água, quanto mais você fecha a mão mais ela lhe escapa por entre os dedos.

Segundo Roger Bastide, na década de 1950, "nos encontramos em presença de uma religião a pique de nascer, mas que ainda não descobriu suas formas".

Lísias Nogueira Negrão afirma que a identidade umbandista faz-se e refaz-se em função das demandas de diferenciação e legitimação, apresentando-se de forma eminentemente dinâmica e compósita.

Hoje a Umbanda se encontra melhor estruturada, no entanto podemos dizer que ela mantém as características de: **Religião ainda em formação** (Roger Bastide), **heterodoxa** (Diane Brown), **dinâmica e sobretudo multiforme, um sistema religioso estruturalmente aberto** (Lísias Nogueira Negrão) **e diversa, na qual se encontra uma certa unidade na diversidade** (Patrícia Birman). Estes são alguns conceitos de cientistas que olham a Umbanda de fora, com distanciamento; este olhar externo é algo que complementa o olhar interno, o olhar teológico. Se conseguirmos unir o olhar interno com o olhar externo, teremos uma visão bem mais ampla da Umbanda.

Umbanda não é um fenômeno isolado, não é algo alienígena que surgiu do nada e muito menos algo que brotou do chão. Embora o olhar teológico sempre busque a origem divina, sagrada e espiritual de sua religião e de seus mistérios, o olhar científico sempre busca a origem histórica, sociológica e antropológica. É possível combinar estes dois olhares sem que um anule o outro. As religiões, teologicamente falando, são instituídas por Deus, por seus Anjos e mensageiros na Terra. No entanto, cientificamente falando, são produtos de uma cultura em determinada época e local que lhe dão o contexto de seu nascimento ou fundação.

Umbanda é uma religião brasileira fundada por um brasileiro, Zélio de Moraes, médium que serviu de instrumento para que a espiritualidade se manifestasse, anunciando a concretização desta nova religião a qual recebeu de seu primeiro representante encarnado tudo o que foi necessário para idealizar seu templo, ritual e doutrina. E assim temos a origem da Umbanda, que pode ser vista por vários olhares, por diferentes ângulos e por ciências diversas que descortinam parte de seus mistérios e revelam muitos de seus encantos.

Para cada seguimento uma Umbanda, para cada templo uma Umbanda, para cada médium uma Umbanda.

Cada um com a sua Umbanda e todos na mesma Umbanda.

Cada olhar uma definição, cada definição uma teoria, cada teoria uma doutrina.

Que bom que é assim, significa que seus praticantes são livres, que ninguém os castra e que cada um é responsável pela Umbanda que pratica e ensina. Os guias de Umbanda ensinam todos a terem consciência do que é bom ou não para cada um. Sem dogmas, tabus ou preconceitos.

Independentemente de qual definição se dê para a Umbanda, deve-se sempre ter a consciência de que Umbanda é religião e que só pode praticar, única e exclusivamente, o bem.

Pode-se falar o que quiser sobre Umbanda, pode-se levantar e defender a bandeira da diversidade, no entanto ninguém pode fugir de sua unidade, que pode ser identificada em sua definição primeira:

"Umbanda é a manifestação do espírito para a prática da caridade".

Texto do livro *História da Umbanda*, editado e adaptado ao contexto.

Apêndice 2

A palavra UMBANDA

Na Umbanda usamos algumas palavras em tupi-guarani, como:

- *Tupã* (Deus ou Deus do Trovão); *Mirim* (pequeno); *Agô* (licença); *Ubirajara* (atirador de lança); *Ycaraí* (água santa); *Urubatão* (madeira dura); *Tupinambá* (filhos de Tupi); *Iara* (mãe d'água doce); *Janaína* (Mãe das águas salgadas) e outras.

Também nos utilizamos de palavras em yorubá, da cultura afro-nagô:

- *Oxalá* (Orixá de branco – Orixá n'lá); *Obaluayê* (rei e senhor da terra); *Iemanjá* (mãe dos filhos peixe); *Omulu* (filho do senhor); *Olorun* (Senhor do Céu – Deus); *Olodumare* (Senhor Supremo dos Nossos Destinos – Deus) e outras.

E algumas palavras do quimbundo, falado em Angola:

- *Zambi* (nome de Deus); *Camboni* (o auxiliar nos trabalhos); *Enjira* (um trabalho espiritual); *Kimbanda* (um sacerdote ou xamã); *Embanda* (um sacerdote ou xamã); *Umbanda* (a prática espiritual e curandeira) entre outras mais.

Com isso quero dizer apenas que a palavra "Umbanda" é preexistente à religião "Umbanda". A palavra já existia, na língua quimbundo falada em Angola, e define a prática de um xamã ou sacerdote Kimbanda. A "Umbanda" que se pratica em Angola se diferencia da Religião "Umbanda", embora guarde algumas semelhanças, o que é natural. A Umbanda que se pratica em Angola não constitui culto aberto e coletivo, antes se reserva a práticas mais particulares e restritas de espiritualidade, xamanismo, feitiçaria e magia. Logo, uma mesma palavra, Umbanda, passa a ter um novo significado no Brasil.

Para nós, a palavra Umbanda é um neologismo. Não é uma palavra nova para definir algo novo, no entanto é uma palavra antiga que ganha um novo significado, o de identificar uma nova religião, uma religião brasileira e única em sua essência.

Ao longo dos anos surgiram muitas interpretações para a palavra Umbanda. A seguir, coloco algumas destas interpretações que estão no meu livro *História da Umbanda*:

João de Freitas, em 1938, publicou um livro com o título *Umbanda,* no qual apresenta uma definição para o vocábulo e, em seguida, sua opinião do que deve significar, como vemos abaixo:

> Umbanda é 1º: Faculdade, ciência, arte, ofício, negócio. – a) ouvinte que receita com naturalidade; b) divindade desconhecida que se consulta como uma sombra de um morto, de gênio, que não é espírito, nem humano nem divino (do livro *Folktales os Angola,* 1894).

> Para mim (João de Freitas), porém, Umbanda é vocábulo de origem tupi. Deve ser corruptela de umbanba. Daí o entusiasmo dos crentes por ser esta religião genuinamente brasileira [...].

No livro *Xangô Djacutá,* p. 191-192, o mesmo, João de Freitas define o vocábulo com outras palavras:

> Mesmo não parecendo, o VOCABULÁRIO UMBANDISTA é complicado, e até confuso, em virtude de vários fatores difíceis de serem removidos.

> Os dialetos de diversas tribos africanas, mesclando-se com as variedades linguísticas do idioma tupi e com as corruptelas

do vernáculo, introduzidas pelos mamelucos, e até a gíria em função natural de sua capacidade envolvente nos meios subletrados, criaram um amálgama idiomático de tal natureza que urgia o expurgo dos termos impróprios, bem como a recondução às suas origens dos vocábulos mais conhecidos e usados nos terreiros.

A tarefa foi mais árdua do que supúnhamos. Tivemos que lutar para conhecer a semântica das palavras através da etimologia. E desse esforço titânico, a consultar léxicos da língua dos cabindas, dos cáfres, dos angoleses e dos quimbundas verificamos a procedência de certos vocábulos do dialeto nhengatu da língua tupi e que foram alterados na grafia e no sentido tais como UMBANDA de Umbanba, ARUANDA de Aruanã... QUIMBANDA de Quimbunda, MIRONGA de Milongas [...] (grifo nosso).

Essa definição de João de Freitas é comentada por Decelso no livro *Umbanda de Caboclos,* no qual ele esclarece que "Umbanba" é uma "espécie *de palmeira que vive nas planícies inundadas".*

Diamantino Coelho Fernandes apresentou no Primeiro Congresso Brasileiro do Espiritismo de Umbanda, 1941, a seguinte tese: "O Espiritismo de Umbanda na evolução dos povos", no dia 19 de outubro de 1941, onde definiu, pela primeira vez, o que ficou registrado no livro que leva o nome do congresso, publicado em 1942:

> Sua etimologia provém de AUM-BANDHÃ, (*om-bandá*) em sanskrito, ou seja, o limite no ilimitado e seu significado pode ser: Princípio divino; Luz irradiante; Fonte permanente de Vida; Evolução constante.

Martha Justina, como representante e delegada da Cabana de Pai Joaquim de Loanda, para o Primeiro Congresso Brasileiro do Espiritismo de Umbanda, apresenta a tese "Utilidade da Lei de Umbanda", no dia 21 de outubro de 1941, onde expõe:

> Umbanda quer dizer: grandeza, força, poder, em suma, Deus. Um-banda, um-bando, que são corruptela da verdadeira palavra; diz um espírito que forma uma parte dessa banda, que é Pai Joaquim de Loanda, que isso significa um bando de

espíritos em se tratando do espaço, e de criaturas humanas, que unidas em um só bando, trabalham em um são princípio, e para uma sã finalidade; desde que a etimologia da palavra Umbanda significa Deus, logo, o trabalho dos umbandistas se encerra na grade lei: "Todos por um, e um por todos".

Tavares Ferreira, no Primeiro Congresso Brasileiro do Espiritismo de Umbanda, em nome da Tenda Espírita São Jorge, apresentou a tese "O ocultismo através dos tempos", no dia 24 de outubro de 1941, definindo que:

> "Umbanda quer dizer: Luz Divina dentro e fora do mundo".

Dr. Carlos de Azevedo, 1944, a pedido da União Espiritualista Umbanda de Jesus (UEUJ), apresentou um capítulo intitulado "Contribuição" como apêndice para o livro *O culto de Umbanda em face da lei* (Rio de Janeiro: Biblioteca UEUJ, 1944, p. 110). Em seu texto identificamos a definição a seguir:

> O vocábulo *Umbanda,* conhecido desde a mais remota época como "Ubanda", que significa fraternidade, foi colocado pelos hindus no vértice superior do triângulo do Himalaia, por ter sido como a expressão mais elevada do amor fraterno.

Alfredo d'Alcântara, no livro *Umbanda em julgamento,* 1949, p. 161, registrou uma reportagem do jornal *O Radical,* em julho de 1945, no qual alguns umbandistas comentaram sobre o significado da palavra Umbanda, como segue:

> Dr. Leal de Souza, advogado e homem de letras, antigo jornalista [...] declarou:
>
> "Eu não sei o que significa Umbanda. O Caboclo das Sete Encruzilhadas chama 'Umbanda' os serviços de caridade, e 'Demanda' os trabalhos para neutralizar ou desfazer os da Magia negra".
>
> Capitão José Pessoa [...], outro sacerdote de Umbanda, que falou na "enquête" de *O Radical:*
>
> "A palavra Umbanda não tem significação certa ainda; dão--lhe uma explicação provisória [...]".

Na mesma "enquete" que estamos lendo para extrair estas notas, O Radical ouviu *um escritor de projeção nas letras nacionais*, por sabê-lo adepto de Umbanda e frequentador da Tenda São Jerônimo. O seu depoimento é muito mais curioso que os outros [...]. Declara o citado escritor que tomara conhecimento da religião umbandista há cinco ou seis anos, em certo lugar que não revelou, onde uma entidade espiritual o fizera portador de conhecimentos preciosos, mas reservados. Uma dessas confidências se refere à palavra Umbanda, que não é nada do que se julga por aí, nas rodas umbandistas e fora delas. Pasmem os que estão lendo, ante a sensacional revelação:

"Umbanda é, nada mais nem menos, que o nome de um arcanjo, da categoria de São Miguel ou São Rafael. Quem diz que Umbanda é uma lei, uma seita ou uma religião, está errado [...]".

Aluízio Fontenele, também um dos primeiros autores de Umbanda, dá a sua opinião sobre a palavra Umbanda, na década de 1940, no livro *O Espiritismo no conceito das religiões e a lei de Umbanda*, p. 187, e endossa novamente sua opinião, complementando-a, no livro *A Umbanda através dos séculos,* às páginas 20; 25-26 e 32:

A palavra UMBANDA significa: NA LUZ DE DEUS, ou ainda etimologicamente falando: LUZ DIVINA, é a tradução correta da palavra UMBANDA, compilada do original em PALLI, na qual foram escritas as SAGRADAS ESCRITURAS e que no seu GÊNESIS já vem demonstrando que a Bíblia, na mesma parte referida, nada mais é do que a tradução incorreta do *palli* para o *hebraico* [...].

[...] se o *palli* já se perde na poeira dos séculos, a palavra UMBANDA também se perde [...]

[...] a palavra UMBANDA foi pronunciada, pela primeira vez, quando pela primeira vez o homem transgrediu a LEI DIVINA.

Portanto, lógico se torna a minha afirmativa em dizer-vos que a UMBANDA veio ao mundo, quando o mundo entrou na sua primeira formação social, isto é: quando na terra apareceu o primeiro casal que foi ADÃO e EVA [...].

[...] DEUS é a encarnação do BEM e do BELO, ao passo que SATANÁS é a encarnação do MAL e do FEIO [...].

Na própria ordem Divina: UMBANDA, essas duas forças ali estavam representadas:

UM – (uno – Deus – infinito – força do bem – polo positivo).
BANDA – (divisão – lado oposto – força do mal – polo negativo).

Sylvio Pereira Maciel, 1950, no livro *Alquimia de Umbanda,* p. 9, apresenta sua teoria, entre perguntas e respostas:

O que se compreende da palavra Umbanda?

É um nome simbólico sagrado, que foi dado a uma religião espiritualista, científica e filosófica, ora em difusão no Brasil, sendo esta trazida pelos escravos africanos.

O que representa o termo Umbanda, dentro da Lei de Umbanda?

Representa o todo Deus, esta palavra Um-ban-da é dividida em três sílabas, e quer dizer Pai-Filho-Espírito Santo. Na Lei de Umbanda representa Amor, Verdade e Justiça; para os Hindus, o Triângulo Sagrado. Assim a simbologia das sílabas é uma palavra sagrada, e ainda o termo Umbanda divide-se em sete partes distintas, que são: as sete letras que representam as sete linhas e os sete planos [...]

UM (O PAI) BAN (O FILHO) DA (O ESPÍRITO SANTO)

Yokaanam apresenta em 1951 sua definição para a palavra Umbanda, que tempos depois se tornaria um entendimento bem popular para entender o verbete:

UMBANDA – Vem de UM + BANDA.

UM que significa Deus, em linguagem oriental, simplificada, para não entrarmos em detalhes esotéricos. E BANDA, que significa Legião, Exército... ou lado de Deus!

Assim fica definida a palavra UMBANDA como A Banda de Deus, O Lado de Deus ou a Legião de Deus.

Oliveira Magno, em 1950, na obra *A Umbanda Esotérica e Iniciática*, p. 13, apresenta como origem do termo Umbanda a teoria de Arthur Ramos. No entanto é na obra *Ritual prático de Umbanda*, 1953, p. 12-14, que dedica maior atenção a essa questão, como vemos abaixo:

> Quanto à origem do termo Umbanda? Como dissemos, a Umbanda nasceu da Quimbanda; portanto, é na Quimbanda que devemos procurar a origem desse termo. Eis o que diz Arthur Ramos na sua obra *As culturas negras no novo mundo*:
>
> O grão-sacerdote dos Angolas-conguenses, o Quimbanda (Ki-mbanda), passou ao Brasil com os nomes de Quimbanda e seus derivados Umbanda, Embanda e Banda (do mesmo radical mbanda), significando ora feiticeiro ou sacerdote, ora lugar na macumba ou processo ritual. Em Angola o Quimbanda preside a todas as cerimônias do culto e desempenha ainda funções sacerdotais. Dita preceitos que são observados como verdadeiros tabus.
>
> Segundo opinião de outro estudioso, o termo Umbanda proveio de Embanda pelo motivo seguinte: os primeiros sacerdotes do culto Bantu no Brasil eram chamados embandas e como a tendência popular se encaminha para a mais fácil maneira de pronunciar, com o correr do tempo, esses sacerdotes ficaram conhecidos na linguagem popular como umbandas.
>
> Pelo que fica exposto, segundo Arthur Ramos e este outro estudioso, tem o leitor a origem do termo Umbanda, apesar de que muitos umbandistas vão discordar por entenderem que Umbanda é de origem misteriosa. Outrossim: o que significa o termo Umbanda? Pois que também querem muitos umbandistas que o seu significado seja misterioso. Para uns significa Deus e Humanidade baseados no termo hindu OM, que significa Deus e banda a humanidade, isto é, a outra banda. Para outros é Luz Espiritual. Tudo isso, porém, são palpites e como palpites julgamos que também temos o direito de dar o nosso; ei-lo: Amigo leitor, quando vos perguntarem, talvez com o fim

de vos atrapalharem ou confundirem, o que significa Umbanda, indagai por vossa vez, se na fé ou na lei; se vos disserem na fé, respondei *Amor Universal*; se vos disserem na lei, respondei *Ciência Espiritual*.

Leopoldo Bettiol, conhecido umbandista do Rio Grande do Sul, escreveu, em 1955, o título *O batuque na Umbanda* (Rio de Janeiro: Aurora, 1963). Ao fim do livro, p. 220, apresenta um vocabulário no qual a palavra Umbanda é definida como Magia branca só para o bem.

José Antônio Barbosa, da Cruzada Federativa Espírita de Umbanda ("Manual dos chefes e médiuns dos Terreiros de Umbanda", citado por Decelso em *Umbanda de Caboclos,* 1972, p. 23), afirma: "Umbanda ou Doutrina da Luz é uma palavra de origem africana que serve para designar uma forma peculiar de espiritismo religioso".

Roger Feraudy, voltado ao Hinduísmo, apresenta uma definição muito próxima do AUMBANDHÃ, afirmando que a palavra Umbanda vem de:

> AUMBRAM – Deus em manifestação – que deu, como corruptela, *Aumbam, Aumbahand, Aumbanda* e, finalmente, *Umbanda.*
>
> [...] o UM vem do mantra védico AUM que se pronuncia OM... Bram vem de Parabram. AUM é criação (A), transformação (U) e conservação (M). Bram é o Pai que se divide em dois o Espírito Santo (ativo) e a Mãe (passivo) (Roger Feraudy, *Serões do Pai Velho,* 1987).

Ronaldo Linares, sacerdote de Umbanda que conviveu com Zélio de Moraes e foi por ele incentivado a propagar os ensinamentos do Caboclo das Sete Encruzilhadas, ao explicar "o significado da palavra Umbanda", em seu livro *Iniciação à Umbanda,* à página 51, recorre a Cavalcanti Bandeira, a Diamantino Coelho Fernandes e a L. Quintão, para definir Umbanda como arte de curar, ofício de ocultista, ciência médica, magia de curar.

Ramatis, espírito oriental que se manifestava por meio da mediunidade de Hercílio Maes, psicografou extensa obra que costumava agradar aos umbandistas. No título *Missão do Espiritismo*, 1967, em que há um capítulo inteiro dedicado ao "Espiritismo e Umbanda" (o maior capítulo desse livro com 69 páginas), não se furtou à tentação de definir a Religião de Umbanda e a palavra Umbanda, vejamos suas considerações:

> [...] o vocábulo trinário Umbanda, em sua vibração intrínseca e real, significa a própria "Lei Maior e Divina" regendo sob o ritmo setenário o desenvolvimento da Filosofia, Ciência, Religião e a existência humana pela atividade da Magia em todas as latitudes do Universo... Sabemos que a palavra Umbanda é síntese vibratória e divina [...].
>
> [...] Etimologicamente, o vocábulo Umbanda provém do prefixo **AUM** e do sufixo "BANDHÃ", ambos do sânscrito [...].
>
> [...] A palavra "Aum-Bandhã", consagrada pela filosofia oriental e do hinduísmo iniciático, difere grandemente de Umbanda, seita ou doutrina religiosa de prática mediúnicas originárias das selvas africanas!
>
> [...] Não importa se houve deturpação do vocábulo iniciático sânscrito de Umbanda, ou se foi adjudicado o prefixo Aum à corruptela "mbanda", familiar do negro banto; o certo é que todas as práticas africanas e atividades dos sacerdotes negros, cujo poder se exercia além do poder dos próprios reis da tribo, enfeixavam-se dentro de uma sonância vocabular correspondente à palavra Umbanda!

Jota Alves de Oliveira, no livro *Umbanda cristã e brasileira,* à p. 41, atribui a Zélio de Moraes, em entrevista feita por Lilia Ribeiro, as palavras abaixo:

> O Caboclo (Sete Encruzilhadas) estabeleceu as normas em que se processaria o culto [...] Deu, também, o nome desse movimento religioso que se iniciava; disse primeiro Alabanda, mas considerando que não soava bem a sua vibração, substituiu-se por Aumbanda, ou seja, Umbanda, palavra de origem sânscrita, que se pode traduzir por Deus ao nosso lado ou o lado de Deus.

Alfredo D'Alcântara também divagou sobre essa questão:

Um nome era preciso para batizar a modalidade religiosa que se esboçava com tanto prestígio, antes mesmo de haver firmado a sua personalidade. Escolheram UMBANDA. Mas quem escolheu? Teria sido um homem ou uma entidade espiritual? Ninguém pode responder; sabe-se apenas que ele começou a ser empregado aqui no Distrito Federal e no Estado do Rio. Só muito depois de se tornar corriqueiro emigrou para a Bahia, onde se incorporou aos candomblés e aos xangôs pelo Nordeste a fora.

Átila Nunes, em seu livro *Antologia da Umbanda,* consciente das questões que envolvem uma definição ou identificação da etimologia da palavra Umbanda, também tece considerações que valem nossa citação abaixo:

A etimologia da palavra Umbanda tem dividido as opiniões dos estudiosos do assunto, especialmente os que se propõem a escrever obras sobre esta religião, que sabemos existir desde que existe o mundo [...].

Prefiro concluir que "Umbanda" seja mais um neologismo formado das palavras *Um* e *Banda,* o que muito bem se aplicaria ao caso, visto que, sendo a prática da Umbanda uma reunião de vários cultos, justo seria a sua unificação ou coordenação dentro de uma nomenclatura que significasse ser a Umbanda uma religião una e indivisível.

Aliás, o catolicismo, que também se formou de inúmeros cultos espalhados pelo mundo, teve as mesmas origens da nossa milenar Umbanda que vem até hoje se formando de diversos cultos afros e ameríndios. Se a palavra *Católica,* de origem grega, significa *Universal* [...] a Umbanda tem a mesma significação [...].

Altair Pinto, em *Dicionário da Umbanda,* Rio de Janeiro, Eco, 1971, p. 197, diz: "A definição do nome Umbanda é a seguinte: temos, em linguagem oriental antiga, a palavra UM, que significa Deus, e BANDA, também da mesma origem, que quer dizer agrupamento, legião".

CONCLUSÃO

A conclusão que tiramos é de que a origem da palavra Umbanda não corresponde ao nascimento da Religião de Umbanda. Esta confusão não passa de uma especulação etimológica, válida, mas não fundamenta um alicerce teológico para a religião. Algumas possíveis origens da palavra foram manipuladas a fim de justificar teorias, divagações e, muitas vezes, falta de transparência de alguns em não assumir ignorância com relação ao assunto.

A versão do quimbundo é a mais provável e certa, pois assenta-se em fatos de uma língua viva que colaborou com outras palavras usadas na Umbanda, conforme já comentamos.

Embora concordemos que "Umbanda" seja apenas um nome para essa nova religião, faz-se justiça ao declararmos que quem escolheu esse nome foi o Caboclo das Sete Encruzilhadas, devidamente incorporado em seu médium Zélio Fernandino de Moraes. Não cabe dizer que ele criou a palavra, apenas que a utilizou para identificar a nova religião. Ele poderia ter chamado de qualquer outro nome, mas escolheu este uma palavra que já existia na cultura angolana, uma palavra antiga para algo novo. Recebendo esse novo significado, a palavra torna-se neologismo, como bem disse Átila Nunes.

De qualquer forma, havia de identificar um nome para que o rito não se confundisse com o que já existia, como manifestações mediúnicas, assim como o próprio Kardecismo, a Macumba carioca, o Candomblé, a Cabula, o Tambor de Mina, a Encantaria, o Terecô, o Babassuê, o Toré, o Catimbó, a Jurema, etc.

Zélio de Moraes em entrevista registrada por Lilia Ribeiro e realizada provavelmente por Jota Alves, como citado anteriormente, explica o significado da palavra Umbanda. Este áudio assim como outros áudios de Zélio de Moraes pode ser encontrado e ouvido com facilidade na internet. Zélio afirma que o nome foi dado pelo Caboclo das Sete Encruzilhadas e que seu significado é "Deus conosco". Afirma ainda que num primeiro momento chamou de "Alabanda", depois de "Aumbanda" e finalmente de "Umbanda". Alá, Aum ou Um significa Deus, e Banda somos nós, e o significado: "Deus conosco". Para Zélio, a única coisa que importava era identificar a nova religião com um nome que expressasse esta ideia de união entre Deus e os praticantes. Zélio não tinha preocupações etimológicas e provavelmente nunca pensou que surgiriam especulações deste nível com relação à religião trazida por ele do mundo espiritual para o mundo material.

Apêndice 3

Umbandas

"Sabemos que existem várias correntes de pensamento dentro da Umbanda e também há muitas formas de praticá-la, ainda que todas se mantenham fiéis à participação dos espíritos nos seus trabalhos ou engiras. Não consideramos nenhuma das correntes melhor ou pior, nem mais ou menos importante para a consolidação da Umbanda. Todas foram, são e sempre serão boas e importantes, pois só assim não se estabelecerá um domínio e uma paralisia geral na assimilação e incorporação de novas práticas ou conceitos renovadores."

(Rubens Saraceni – *Formulário de Consagrações Umbandistas* – Madras Editora, 2005, p. 19)

Considerando que já falamos neste livro sobre a existência de muitas Umbandas e sobre Umbanda e Umbandas, coloco a seguir a ideia de algumas vertentes da Umbanda que caracterizam parte de sua diversidade ou simplesmente Umbandas:

- **Umbanda Branca:**

O termo pode ter surgido da definição de **Linha Branca de Umbanda** usada por Leal de Souza, primeiro autor umbandista e médium preparado por Zélio de Moraes. A ideia é de que a Umbanda era uma "Linha" do Espiritismo ou uma forma de praticar Espiritismo.

- **Umbanda Pura:**

Conceito usado no Primeiro Congresso de Umbanda em 1941, adotado pelo o grupo que assumiu esta responsabilidade e lutou pela legitimação da religião na década de 1940.

- **Umbanda Popular:**

É a prática da religião de Umbanda sem muito conhecimento de causa, sem estudo ou interesse em entender seus fundamentos. É uma forma de religiosidade na qual vale apenas o que é dito e ensinado de forma direta pelos espíritos. O único conhecimento válido é o que veio de forma direta em seu próprio ambiente ritualístico, dentro de seu terreiro.

- **Umbanda Tradicional:**

Serve tanto para identificar a "Umbanda Branca", "Umbanda Pura" ou "Umbanda Popular". Que são as formas mais antigas e conhecidas de praticar Umbanda, muito embora este perfil esteja mudando.

- **Umbanda Esotérica ou Iniciática:**

É uma forma de praticar a Umbanda fundamentada no esoterismo europeu. Foi idealizada com inspiração na obra de Blavatski, Ane Bessant, Saint-Yves D'Alveydre, Leterre, Domingos Magarinos, Eliphas Levi, Papus, etc. O primeiro autor que trouxe este tema para a literatura umbandista foi Oliveira Magno, 1951, com o título *A Umbanda Esotérica e Iniciática*.

- **Umbanda Trançada, Mista ou Omolocô:**

Umbanda com maior influência dos Cultos de Nação ou Candomblé. Alguns chamam esta variação de **Umbandomblé**. O autor, médium, sacerdote e presidente de Federação que mais defendeu esta forma de praticar Umbanda foi o conhecido Tata Tancredo. Autor de *Doutrina e Ritual de Umbanda*, 1951, em parceria com Byron Torres de Freitas.

- **Umbanda de Caboclo:**

É uma variação de Umbanda em que prevalece a presença do Caboclo, acreditando que a Umbanda é antes de mais nada a prática dos índios brasileiros. Decelso escreveu o título *Umbanda de Caboclo* para explicar esta forma de Umbanda.

- **Umbanda de Jurema:**

Forma combinada com o Catimbó Nordestino. Seu principal fundamento é o uso da Jurema Sagrada, como bebida e também misturada no fumo. Deste culto, a Umbanda herdou a manifestação do Mestre Zé Pelintra, que pode vir como Exu, Baiano, Preto-Velho ou Malandro.

- **Umbanda Cristã:**

Ao dizer qual seria o nome do primeiro templo da religião, *Tenda Espírita Nossa Senhora da Piedade*, porque "assim como Maria acolheu Jesus da mesma forma a Umbanda acolheria os filhos seus", o Caboclo das Sete Encruzilhadas já dava uma diretriz cristã a nova religião.

Jota Alves de Oliveira escreveu um título chamado *Umbanda Cristã e Brasileira*: A Orientação Doutrinária do evangelizado Espírito do Caboclo das Sete Encruzilhadas nos levou a considerar e historiar seu trabalho enriquecido das lições do evangelho de Jesus, com a legenda: Umbanda Cristã e Brasileira.[1]

Outro elemento que endossa a qualidade cristã da Umbanda é o arquétipo dos Pretos e Pretas-Velhas, são ex-escravos batizados com nomes católicos e que trazem muita fé em Cristo, nos Santos e Orixás.

- **Umbanda Sagrada ou Umbanda Natural:**

Quando começou a psicografar e dar palestras, Rubens Saraceni sempre fazia questão de se referir à Umbanda como Sagrada. Não havia intenção de criar uma nova Umbanda, apenas ressaltar uma qualidade inerente a ela. Na apresentação de seu primeiro título doutrinário *Umbanda – O Ritual do Culto à Natureza*, publicado em 1995, afirma que o livro em questão guarda uma coerência bastante grande, *o de trilhar num meio termo entre o popular e o iniciático, ou entre o exotérico e o esotérico.*

Já no *Código de Umbanda*, no capítulo "Umbanda Natural", cita: "Umbanda Astrológica, Filosófica, Analógica, Numerológica, Oculta, Aberta, Popular, Branca, Iniciática, Teosófica, Exotérica e Esotérica". Para então afirmar que: *Natural é a Umbanda regida pelos Orixás, que são senhores dos mistérios naturais, os quais regem todos os polos umbandistas aqui descritos. Muitos optam por substituir a designação de "Ritual de Umbanda Sagrada", dada à Umbanda Natural* [...] Fica claro que, para o autor, a Umbanda é algo natural e sagrado, adjetivos que se aplicam ao todo da Umbanda e não a um segmento em particular.

No livro *As Sete Linhas de Umbanda* volta a citar as várias "Umbandas" e comenta que *na verdade, e a bem da verdade, tudo são seguimentações dentro da religião umbandista* [...]

QUALIFICAR OU NÃO QUALIFICAR?

Há ainda outras qualificações e até a Umbanda deste ou daquele. Por mais válidos que sejam os adjetivos e qualificações, por mais que se auto afirmem ser "a verdadeira" Umbanda, a "Umbanda Pura", original ou primordial. Nenhuma destas partes dá conta do TODO. Pela "parte" não se define o "todo"; no entanto, pela "unidade" se busca uma "essência", um fundamento e base. Esta unidade é a sua base fundamental. É possível, também, praticar Umbanda livre de qualificações, basta dizer "Sou umbandista" e ponto final.

Este texto faz parte do livro *História da Umbanda*, de Alexandre Cumino, Madras Editora.

Apêndice 4

Apresentação do Livro de Severino Sena

O texto abaixo é a apresentação a qual tive o prazer de fazer para o livro de Severino Sena; faço questão de colocar aqui pelo fato de boa parte do texto se referir ao que é Umbanda.

A grande maioria das religiões na atualidade é abstracionista, teórica e intelectualizada. Seus adeptos precisam pensar sobre o sagrado de forma totalmente mental. Eles devem idealizar o que seja Deus e rezar para este "objeto", fruto de milênios em que gerações e mais gerações vêm criando um Deus que é a imagem e semelhança do homem idealizado enquanto Ser Supremo e Divino. Um Deus, muitas vezes, nem tão supremo, tão pouco divino, se apresentando como Aquele que tem função de punir e castrar todos os tementes a Ele.

O alto do altíssimo, o mistério dos mistérios, pode se mostrar como tremendo e ao mesmo tempo fascinante. Para os intelectuais das religiões abstratas Ele é sempre distante, externo e separado de seus servos submissos e passivos.

Vemos discursos teológicos que conduzem os adeptos a uma fé racionalizada por meio de aforismos, dogmas e tabus. O discurso construído por uma neurolinguística nata ou estudada cria convicções cegas fundamentadas na ideia de possuir a "palavra de Deus".

Se esta é a "palavra de Deus", então tem que ser aceita de forma absoluta, claro que a partir da interpretação de quem intermedia na qualidade de pontífice (ponte) sacerdotal. Discursos mais elaborados entram no jogo quase acadêmico mais profundo da elaboração de tese, antítese e síntese, de tal forma que as ovelhas não precisem pensar, basta adotar a conclusão lógica e inquestionável. Mesmo na simplicidade ideológica de que não existe efeito sem causa, é possível se codificar toda uma doutrina mais científica que religiosa, que no fundo nos faz pensar as mesmas coisas que a fé cega, mas agora com um certo nível de intelectualidade e persuasão aos mais cultos. Pode-se transformar o pecado em carma, o céu em luz e o inferno em trevas, ao mesmo tempo que se mantém os mesmos medos católicos travestidos de espiritismo intelectualizado e distanciado de um contato mais próximo com uma dimensão interna do ser que lhe dá o sentido de transcendência. Continuamos intelectualizando a fé de uma forma enlatada na qual mudam os rótulos e que nem sempre consegue apresentar algum conteúdo, apenas uma embalagem tão bonita e convincente que todos desejam possuir.

Nem sempre a religião foi tão intelectual e abstrata. O homem que há milênios pisa nesta terra, este a que chamamos de *Homo sapiens*, é também um *Homo religiosus*. Não existe nenhuma sociedade humana, antiga ou moderna, em que a religião esteja ausente. Nas formas mais arcaicas de expressão de fé e religiosidade, encontraremos pouca teoria e muita experiência. São as experiências de transcendência, transe e êxtase religioso, nas quais a fé é algo totalmente visceral, algo que faz a carne tremer e alça o espírito humano para fora e além desta realidade. Em estados alterados de consciência, esta fé "selvagem" e "primitiva" encontra-se no seu estado bruto e ao mesmo tempo puro. Não pode haver mentira, hipocrisia, doutrinação ou teorização abstracionista no momento de viver algo que depende de sua entrega total. São expressões naturais que brotam do âmago do ser, de sua alma, algo que foge ao encapsulamento de um corpo carnal. São experiências tão fortes, tão "grandes", que nem o corpo ou a mente racional dão conta de segurar. O sagrado baixa à terra, o divino incorpora e possui o iniciado, confundindo-se com ele mesmo. Este é o transe místico mais primitivo e ao mesmo tempo mais lindo e fascinante, pois a mente não precisa alcançar o ser supremo, a mente deve apenas parar de pensar, parar de racionalizar, parar de teorizar. A mente humana deste ser em transe não está mais ali, ela não precisa alcançar o Ser Supremo, porque Ele está aqui. Você não é mais você, você já não sabe mais quem é você, afinal, você é Ele ou Ele é você. É inexplicável e arrebatador. Como limitar esta experiência a algumas explicações simplistas sobre a mediunidade? Neste caso, explicar a mediunidade é apenas uma tentativa de teorizar, classificar e convencer a mente de que ela dá conta de entender o que acontece, para finalmente relaxar no fato de que ainda está tudo sobre controle. Ainda assim a mente sabe que o melhor de tudo é perder o controle, entregar-se numa loucura divina e domesticada apenas pelo ritual que a mantém dentro de limites e parâmetros saudáveis. O ritual regula e controla este momento único, ou, como diria Roger Bastide, "o ritual domestica o sagrado selvagem".

Nas religiões de transe mediúnico de incorporação, na visão ainda de Roger Bastide e Pierre Verger, a "baianinha" que de dia vende acarajé, à noite se torna uma rainha, se torna Oxum. O estivador que de dia trabalha no cais, à noite, por meio do transe, se torna um Rei, ele se torna Xangô. Mas isso não se dá apenas com a "baianinha" e o "estivador", isto se dá também com o médico, o advogado, o pedreiro ou a dona de casa. Todos podem alcançar esta dimensão de transcendência, revivendo o mais antigo dos fenômenos religiosos: o transe. Hoje sabemos que mediunidade não é histeria, que o transe religioso não é fator de desequilíbrio e, sim, de sentido para a vida. Da mesma forma, o que era considerado "arcaico" e "primitivo" nas mais antigas e remotas religiões pode ser o que há de mais lindo, puro e fascinante dentro do contexto das experiências religiosas.

A Umbanda revive este êxtase religioso, o transe, o estado alterado de consciência, a experiência mística, dentro do que é simplificado e identificado como mediunidade de incorporação.

O sagrado selvagem, arcaico e primitivo está domesticado pelo ritual, para sobreviver no mundo urbano, mas ainda mantém o sentido de transcendência com o sagrado no momento em que o divino se manifesta de forma visceral. O médium precisa se perder de si mesmo para encontrar-se com o Caboclo. Já não se sabe quem é quem, deve-se perder-se para ser encontrado por um Preto-Velho. Não existe mais o EU, deve-se matar o ego temporariamente, para que este dê lugar a Oxum, Xangô, Oxóssi, etc.

Entregar-se, perder-se de si mesmo, parar a mente não é nada fácil e é aqui que entra o couro, a percussão, o atabaque, a curimba e os pontos cantados.

A expressão mais antiga de transe religioso é viva no transe xamânico, nas diversas formas de xamanismo primitivo em geral e, claro, no xamanismo siberiano em específico. A palavra xamanismo vem da língua tungo, siberiana, e define as práticas de um sacerdote da natureza, um pajé, um curandeiro e, acima de tudo, alguém que entra em transe. E aqui evocamos o xamanismo apenas para dizer que, dentro desta cultura, a peça principal para ajudar a induzir o transe sempre foi o tambor, o instrumento de percussão de som grave, as batidas no couro. De alguma forma, este som grave, tão ligado à terra, ajuda a cabeça a parar de pensar.

O ritmo, a cadência e a melodia conduzem e auxiliam a mente do médium a entrar em diferentes padrões de vibração mental. Para cada vibração, um toque de atabaque e uma energia diferente. É assim que se estabelecem os toques mais cadenciados para Oxum, Nanã, Obaluayê, ou para os Pretos-Velhos. Os toques mais fortes e rápidos para Ogum, Oxóssi ou Caboclos. Mas pode-se também chamar uma qualidade de Oxum num toque de guerra, ou chamar um Caboclo velho num toque mais tranquilo. São toques e variações de toques conhecidos como nagô, ijexá, angola, barra vento e etc. Aqui começamos a entrar num campo que pode ser definido como ciência e magia. Ciência porque implica anos de estudo dos diversos toques e cantos e seu método de execução, em que, para cada situação, existe um "ponto cantado" mais adequando. Magia, porque música é a mais poderosa das magias, que de forma imediata pode mudar nosso humor. Magia Divina, porque de sua ciência se manipula força, poder, energia e mistérios que limpam, descarregam, encaminham encarnados e desencarnados. Trazem e levam situações emocionais e psicológicas. Evocam e invocam a presença de guias e Orixás dentro do ritual de Umbanda.

Dentro deste universo mágico do canto e toque de Umbanda, da curimba e musicalidade sagrada, o nosso irmão Severino Sena é um Mestre.

Por tanto, agradecemos a este Mestre de Harmonia, este Mestre do Som, por nos brindar com mais um precioso volume de conhecimento e informação.

Peço a Oxalá que abençoe esta obra de Severino Sena e que abençoe também a todos que colocarem seus corações nestas páginas. Que os leitores possam se lapidar por meio desta obra, a fim de cantar e tocar para nossos guias e Orixás na Umbanda.

Alexandre Cumino, Sacerdote de Umbanda Sagrada preparado por Rubens Saraceni e Bacharel em Ciências da Religião.

Anexo 1

Reflexões de Umbanda

Observem que queremos chamar a atenção dos leitores para o fato de que em um século de existência a Umbanda já avançou muito em seus aspectos teóricos e práticos e, no entanto, sempre haverá espaço para novos livros e conceitos, porque ela é uma religião de fato e uma fonte inesgotável de conceitos e informações. Tanto isso é verdade que jamais deixaremos de ter novos livros sobre a religião umbandista, nos quais os autores estarão reavivando a fé dos leitores, abordando aspectos ritualísticos e conceitos doutrinários, sempre movidos pelo intuito de elucidar, esclarecer e instruir a novas gerações umbandistas.

Sim, as novas gerações são as grandes levas de pessoas possuidoras da mediunidade de incorporação que adentram diariamente os templos de Umbanda, ávidas por informações acerca do universo divino da sua nova religião.

Pai Benedito de Aruanda já nos dizia: "Filhos, não temam as críticas cujo único objetivo é destruir a Umbanda, porque elas não prosperarão, já que a cada novo dia milhares de espíritos reencarnam e muitos deles já trazem abertas as suas faculdades mediúnicas, faculdades essas que os conduzirão ao encontro das religiões espíritas ou mediúnicas, tais como o Espiritismo, a Umbanda e o Candomblé".

Pai Benedito também dizia: "Filhos, a Umbanda é maior que todos os umbandistas juntos, pois ela é uma religião, e, como tal, sempre abrigará novos fiéis, mostrando a todos que é em si um mistério de Deus, apto a abrigar em seu seio (templos) quantos a procurarem e a adotarem como sua 'guia' terrena no caminhos que nos conduzem a Deus".

Pai Benedito também nos alertava sempre sobre o fato de, caso alguém quisesse se arvorar em "papa" da Umbanda ou chamasse para si a posse dela, dos seus conceitos e da sua doutrina, logo se veria tão assoberbado que se calaria e se recolheria ao silêncio sepulcral do seu íntimo, já que a Umbanda não tem um dono ou papa.

Pai Benedito também nos dizia: "Filhos, a Umbanda é uma religião mediúnica e, como tal, dispensa templos suntuosos, pois onde houver um médium lá estará um dos seus 'templos vivos', através do qual a religião fluirá em todo seu esplendor. Portanto, sejam bons e bem esclarecidos médiuns, porque serão a religião".

Tantas foram as coisas ditas a nós por Pai Benedito de Aruanda que é impossível recordar todas neste momento que escrevo a apresentação deste livro.

Mas se de algumas me recordo é para salientar a sapiência desse nosso amado irmão Preto-Velho que sempre nos alertava: "Filhos, Deus é a verdade e é a fonte divina de todos os mistérios. Só Ele realmente sabe! Quanto a todos nós, espíritos mensageiros e médiuns, somos apenas intérpretes d'Ele e dos Seus mistérios, dos quais temos nossas versões e nada mais". Logo, caso lhes digam: Esta é a verdade final sobre Deus e sobre seus mistérios – fiquem alertas, porque ali estará alguém fazendo proselitismo em causa própria ou é mero especulador.

Se relembro os alertas de Pai Benedito de Aruanda, dados quando ele psicografava através de mim, é porque ele sempre foi um crítico ardente de muitos dos comentários sobre os Orixás...

Ele não poupava ninguém quando o assunto era os Orixás e até nos dizia: "Filhos, hoje estão surgindo pessoas, cheias de soberba e sapiência, arvorando-se em arautos do saber sobre os Orixás..."

"Lembrem-se", alertava-nos Pai Benedito, "que Orixá é mistério de Deus! E, como tal, assume as feições humanas que lhe dermos.

Mas lembrem-se também: existe uma Ciência Divina que explica os mistérios dos orixás de forma científica e, em vez de recorrer aos seus aspectos míticos, os decifra e os ensina através das qualidades divinas que cada um é em si mesmo".

"Na 'ciência divina' está a chave para decifrar os mistérios dos Orixás, filhos de Umbanda!" [...] p.7-9 ...

Rubens Saraceni – Madras Editora. *Orixás – Teogonia de Umbanda*, p. 7-9.

SOBRE A UMBANDA

A Umbanda é uma religião nova, com cerca de um século de existência. Ela é sincrética e absorveu conceitos, posturas e preceitos cristãos, indígenas e afros, pois estas três culturas religiosas estão na sua base teológica e são visíveis ao bom observador.

Uma data é o marco inicial da Umbanda: a manifestação do Senhor Caboclo das Sete Encruzilhadas no médium Zélio Fernandino de Moraes, ocorrida no ano de 1908, diferenciando-a do Espiritismo e dos cultos de nação Candomblé de então.

A Umbanda tem suas raízes nas religiões indígenas, africanas e cristã, mas incorporou conhecimentos religiosos universais pertencentes a muitas outras religiões.

Umbanda é o sinônimo de prática religiosa e magística caritativa e não tem a cobrança pecuniária como uma de suas práticas usuais. Porém, é lícito o chamamento dos médiuns e das pessoas que frequentam seus templos no sentido de contribuírem para a manutenção deles ou para a realização de eventos de cunho religioso ou assistencial aos mais necessitados.

A Umbanda não recorre aos sacrifícios de animais para assentamento de Orixás e não tem nessa prática legítima e tradicional do Candomblé um dos seus recursos ofertatórios às divindades, pois recorre às oferendas de flores, frutos, alimentos e velas quando as reverencia.

A Umbanda não aceita a tese defendida por alguns adeptos dos cultos de nação que diz que só a catulagem de cabeça e só com o sacrifício de animais é possível as feituras de cabeça (coroação do médium) e o assentamento dos Orixás, pois, para a Umbanda, a fé é o mecanismo íntimo que ativa Deus, suas Divindades e os Guias Espirituais em benefício dos médiuns e dos frequentadores dos seus templos. A fé é o principal fundamento religioso da Umbanda e suas práticas ofertatórias isentas de sacrifícios de animais são uma reverência aos Orixás e aos Guias Espirituais, recomendando-as aos seus fiéis, pois são mecanismos estimuladores do respeito e da união religiosa com as divindades e os espíritos da Natureza ou que se servem dela para auxiliarem os encarnados.

A Umbanda não é uma seita, e sim uma religião, ainda meio difusa por causa da aceitação maciça de médiuns cujas formações religiosas se processaram em outras religiões e cujos usos e costumes vão sendo diluídos muito lentamente para não melindrar os conceitos e as posturas religiosas dos seus novos adeptos, adquiridos fora da Umbanda, mas respeitados por ela.

A Umbanda não apressa o desenvolvimento doutrinário dos seus fiéis, pois tem no tempo e na espiritualidade dois ótimos recursos para conquistar o coração e a mente dos seus fiéis.

A Umbanda tem na mediunidade de incorporação a sua maior fonte de adeptos, pois a mediunidade independe da crença religiosa das pessoas e, como a maioria das religiões condena os médiuns ou segrega-os, taxando-os de pessoas possessas ou desequilibradas, então a Umbanda não tem que se preocupar, pois sempre será procurada pelas pessoas possuidoras de faculdades mediúnicas, principalmente a de incorporação.

A Umbanda tem de preparar muito bem seus sacerdotes para que estes acolham em seus templos todas as pessoas possuidoras de faculdades mediúnicas e as auxiliem no desenvolvimento delas, preparando-as para que futuramente se tornem, também elas, os seus futuros sacerdotes.

A Umbanda tem na mediunidade de incorporação o seu principal mecanismo de práticas religiosa, pois, com seus médiuns bem preparados, assiste seus fiéis, auxilia na resolução de problemas graves ou corriqueiros, todos tratados com a mesma preocupação e dedicação espiritual e sacerdotal.

A Umbanda é uma religião espiritualista porque incorporou conceitos e práticas espiritualistas (referentes ao mundo espiritual), tais como magias espirituais e religiosas, cultos aos ancestrais Divinos, culto religioso aos espíritos superiores da Natureza, culto aos espíritos elevados ou ascencionados e que retornam como guias-chefes, para auxiliar a evolução das pessoas que frequentam os templos de Umbanda.

A Umbanda, por ser sincrética, não alimenta em seu seio segregacionismo religioso de nenhuma espécie e vê as outras religiões como legítimas representantes de Deus. E vê todas como ótimas vias evolutivas criadas por Ele para acelerarem a evolução da humanidade.

A Umbanda não adota práticas agressivas de conversão religiosa, pois acha esses procedimentos uma violência consciencial contra as pessoas, preferindo somente auxiliar quem adentrar seus templos. O tempo e o auxílio espiritual desinteressado ou livre de segundas intenções têm sido os maiores atrativos dos fiéis umbandistas.

A Umbanda crê que sacerdotes que exigem a conversão ou batismo obrigatório de quem os procura (pois só assim poderão ser auxiliados por eles e por Deus) com certeza são movidos por segundas intenções e, mais dia menos dia, as colocarão para quem se converteu para serem auxiliados por eles. (Veja famosos pastores mercantilistas eletrônicos ou alguns supostos sacerdotes de cultos que vivem dos boris e dos ebós que recomendam incisivamente aos seus fiéis, tornando-os totalmente dependentes dessas práticas caso queiram algum auxílio espiritual ou religioso).

A Umbanda prega que os espíritos elevados (os seus espíritos guias) são dotados de faculdades e poderes superiores ao senso comum dos encarnados e tem neles um dos seus recursos religiosos e magísticos, recorrendo a eles em suas sessões de trabalho e tendo neles um dos seus fundamentos religiosos.

A Umbanda prega que as divindades de Deus (os orixás) são seres Divinos dotados de faculdades e poderes superiores ao dos espíritos e tem nelas um dos seus fundamentos religiosos, recomendando o culto a elas e a prática de oferendas como uma das formas de reverenciá-las, já que são indissociadas da natureza terrestre ou Divina de tudo o que Deus criou.

A Umbanda prega a existência de um Deus único e tem nessa sua crença o seu maior fundamento religioso, ao qual não dispensa em nenhum momento nos seus cultos religiosos e, mesmo que reverencie as divindades, os espíritos da Natureza e os espíritos ascencionados (os guias-chefes), não os dissocia D´Ele, o nosso Pai Maior e nosso Divino Criador.

Texto extraído do livro *Doutrina e Teologia de Umbanda Sagrada – A Religião dos mistérios – Um hino de amor à vida*, de Rubens Saraceni – Madras Editora.

Anexo 2

Cabe num livro?

Há poucos dias, veio a notícia de que uma decisão judicial havia declarado que a Umbanda e o Candomblé não poderiam ser consideradas religiões por não se basearem em um "livro sagrado". Depois, tal decisão foi, neste aspecto, retificada. Menos mal... Afinal, o Brasil é um Estado laico! E não cabe a nenhum dos seus Poderes – ou a qualquer pessoa, associação ou instituição – praticar, disseminar ou consentir em atos de discriminação religiosa, pois assim dispõe a Constituição Federal (artigos 3º, incisos I a IV, e 5º, inciso VI).

Ora, em nosso país, a Umbanda e o Candomblé são duas destacadas religiões, com grande número de fiéis seguidores e outro tanto de simpatizantes. Entre si, elas são religiões distintas, com fundamentos próprios; embora apresentem alguns pontos comuns (como a crença no Deus Único, o Culto aos Sagrados Orixás, a prática mediúnica).

A pergunta é: cabe num livro todo caminho de religação do homem com Deus? Ou isso depende de critérios subjetivos e variáveis, tanto quanto varia a nossa capacidade individual de "sentir, pensar e interpretar" o Criador de tudo e de todos?

Porque as religiões cuidam, em síntese, de orientar o homem no caminho da sua religação com Deus – da sua religação com algo

Maior, que dê propósito à existência carnal e a transcenda, unindo tudo e todos em torno da Única Energia Original: a Fonte da Vida, a quem podemos chamar de Deus, Olorum, Olodumaré, Zâmbi, O Todo, O Incriado, O Olho que tudo Vê, etc.

A Umbanda e o Candomblé têm, entre os seus fundamentos, o Culto à Natureza.

Na Umbanda, entendemos por Natureza tudo quanto Deus Criou: em suma, todo o Universo, o micro e o macrocosmo, todas as formas de vida, inclusive a humana, mais os elementos (fogo, terra, ar, água, vegetais, minerais e cristais). Acreditamos que tudo é Deus: que tudo provém de Deus, e que tudo volta para Deus, mediante os processos infinitos de transformação evolutiva pelos quais passam os elementos, os seres e as espécies. Daí que todos somos parte de imensa Fraternidade, apesar das diferenças individuais que nos distinguem. E se tudo isso coubesse num livro, quão colossal ele teria de ser, para falar da Obra do Criador?

Quantas páginas seriam necessárias para se falar do Infinito Amor de Deus e da Sua Onipresença na Criação? E da Sua Onisciência? E da Sua Oniquerência? E da Sua Infinita Perfeição, em todos os aspectos imagináveis e inimagináveis, uma vez que somos ainda aprendizes, nos primeiros passos de perceber e sentir a Criação como um Todo inseparável?

E quantas para se falar da riqueza energética dos elementos, bem como de todas as formas de vida que compõem a intrincada cadeia alimentar? Quantas para se falar da importância de nos situarmos em meio à Grandeza da Criação, procurando agir com dignidade e respeito perante tudo o que nos rodeia e alimenta?

E quantas para se falar do valor da contribuição ética, moral e cultural que recebemos dos nossos ancestrais homenageados pelo Astral Superior quando da criação da religião de Umbanda, como os nativos ("indígenas"), e mais aqueles de outros continentes, com destaque para os africanos, os europeus e os orientais?

Quantas páginas, ainda, para nos fazer entender que Somos Um, e que é pura insanidade cultivar um olhar de separação, diante do Infinito Amor que preside, e une e preserva a Criação?

Isso, para começar...

Não, livro nenhum feito por mãos humanas seria capaz de conter tudo isso!...

Por isso, a Umbanda e o Candomblé, entre outros princípios e fundamentos, se sustentam no Culto à Natureza. O seu livro-base é a Natureza, como reflexo do Poder Criador! Como a nos dizer: vamos contemplar e honrar a Manifestação do Pai-Mãe da Criação em todos os seres e em todas as coisas por Ele criadas. Essa contemplação nos fará compreender e, mais que isso, nos fará sentir a Vida Maior pulsando em tudo e em todos; e nos convidando para uma convivência harmoniosa, fraterna e pacífica. Eis que, a nos unir e a nos impulsionar ao progresso em todos os aspectos, Está – e sempre Esteve e Estará –, a Mente Criadora, Infinitamente Perfeita e Amorosa. Não temos palavras para descrever tal Obra! Não temos palavras para interpretá-la! Apuremos, então, os nossos sentidos, para percebê-la e dela haurir forças, no empenho de nos tornarmos melhores, dia após dia!... Enquanto isso, vamos orar e vigiar.

Orar, especialmente por aqueles que ainda insistem em separação; buscando sintonia com a Fonte da Vida, que é Puro Amor. Pois somente esse Amor será capaz de nos libertar dos sentidos inferiores. E vigiar, para não cairmos na tentação de nos julgarmos superiores a nada e a ninguém. Porque somos tal como folhas da mesma (e Única) Árvore da Vida; cada folha ocupando um lugar igualmente Sagrado desse Espaço-Tempo; e todas de igual valor e importância para o Criador – embora cada uma, isoladamente, só possa enxergar parte da Grande Árvore...

(Fátima Gonçalves, 26/5/2014). Texto publicado no JUS nº 169 – 06/2014